JN304195

工場日記

シモーヌ・ヴェイユ
田辺 保 訳

筑摩書房

目次

本書は、シモーヌ・ヴェイユ『労働と人生についての省察』（黒木義典・田辺保訳、勁草書房、一九六七年）から『工場日記』の全部と残された断片・書簡を選り抜いて『工場日記』として講談社文庫で刊行され（一九七二年）、のち一九八六年九月一〇日、講談社学術文庫で再刊された。このたびのちくま学芸文庫版は講談社学術文庫版を底本とした。

ヴェイユの日記はもともとノートの左紙に日記が、右紙に左の日記に関するその時々の断片的メモが記されている。今回刊行にあたり、それらを区別するために、右紙に記されたメモは書体を変えてゴシック体とした。また現行版原書に準じて順番を入れかえた箇所がある。その際、冨原眞弓訳『シモーヌ・ヴェイユ選集』Ⅱ（みすず書房、二〇一二年八月）、Simone Weil, *La Condition ouvrière*, Éditions Gallimard, 2002 等を参照した。文中の〔　〕は訳者あるいは編集部による補遺を示す。

（ちくま学芸文庫編集部）

序文

ロワール県の革命的サンディカリストの小グループが、一九三二年、シモーヌ・ヴェイユという人を知るようになったことは、なんら偶然の出来事ではない。彼女自身も語っているように、はやくから彼女は、社会的な不正義にいきどおりを感じていたし、本能的に、恵まれない人たちの味方についてきたのであった。こういう道をえらび、最後まで一貫してその道をつらぬいたことが、彼女の生涯に一すじの純粋さをしるしづけている。

ずっと早くから、彼女は、革命家たちにひかれるものを感じていた。当初は、かぎりない希望を宿すものであったロシア革命も、道をふみあやまり、プロレタリアは、いぜん奴隷状態のままにおさえつけられている。そうなるようにしたものは、あたらしい特権階級であり、故意に工業化と社会主義とを混同しようとする官僚制であった。シモーヌは、個人を愛し個人を尊重する気持が人一倍つよかったために、スターリン主義にひきつけられることはなかった。スターリン主義は一つの体制をつくり出したが、この点について彼女は一九三三年に次のように述べるはずである。「なるほど、この体制は、レーニンが、資本家の所有をほとんど完全にしりぞけることによってつくり上げられると考えたあの体制によく似ている。ところが、その他の点では、この体制はまさにレーニンの体制とはまったく逆のものである」。

このように、革命の世界から、スターリン主義者をふるいおとしてのち、彼女はそのほかのグループに近づいて行った。たとえば、アナーキスト、革命的サンディカリスト、トロツキストなど。彼女は、何よりも独立的な存在であったから、こういうグループの一つの中に彼女を分類してしまうことは不可能である。しかしながら、わたしたちが彼女を知った時期において、彼女がいちばん共感を寄せていたグループは何かといえば、雑誌『プロレタリア革命』がそれをもっともよくあらわしているように思われる。

この雑誌は、一九二五年に創刊され、初め『サンディカリスト＝コミュニスト機関誌』という副題をもっており、一〇月革命に熱狂して共産党に加わったサンディカリストたちがその周りに集まったものであった。のちに、このサンディカリストたちは、共産党から除名されたり、あるいは、初期の労働者の民主体制が次第に官僚制にとってかわられて行くことを見て、みずから党を離脱して行った。この派のもっとも著名な代表者は、過去においても、そして今もなお、モナット*とルーゾンであり、ふたりとも革命的サンディカリストであり、絶対自由主義の筋金入りの人たちである。

＊訳注 モナット（一八八一―一九六〇）は、フランスのサンディカリスト。はじめアナーキスト

の運動に参加し、のち革命的サンディカリストとして活躍。一九二四年共産党を離党し、二五年『プロレタリア革命』を創設。

シモーヌは、この雑誌によって活躍していた多くの人たちと接触し、一九三一年、彼女がル・ピュイの高等中学校の教師に任命されたとき、その地の闘士たちと関係をつけることができるように、たのんだのも、この雑誌の人たちに対してであった。こうして一〇月のある夕方、彼女はわたしたちのところへやって来て、テヴノンを知ったのであった。テヴノンは当時サン・テチエンヌ労働組合本部評議員会のメンバーであり、ロワール県連合会の副書記長をしており、少数派のサンディカリストの再編成や、地方炭坑連合の労働総同盟（C・G・T）への復帰のために尽力していた。地方炭坑連合は、当時統一労働総同盟（C・G・T・U）においては少数派であり、その書記長ピエール・アルノーは、共産党から追放されたばかりであった。

テヴノンを通じて、シモーヌは、労働者階級のまっただなかに、そしてまた、組合運動のまっただなかに同時にとびこむことになった。彼女が望んだのもまた、そのことだけであった。毎週少なくとも一度は、ル・ピュイからサン・テチエンヌに、二年後には、ロアンヌからサン・テチエンヌに旅行した。それは、労働組合本部においてひらかれていた学習サークルに出席するためであり、また、集会やデモに参加するためであった。

＊

たぐいまれな知性の持主であり、哲学の教養もつんでいた彼女は、偉大な社会主義の理論家たち、とくにマルクスをいちはやく理解し、また深く理解した。しかし、資本家の搾《さく》取《しゅ》とか労働の条件とかについて、単に理論的に知ることだけでは満足できなかった。労働者の日常生活の中にはいりこんで行くことが何より大切なことだと信じたのであった。

炭坑夫の組合では、ピエール・アルノーこそ、何よりすぐれたプロレタリアの模範であった。組合の専従ではあったが、炭坑夫の習慣をそのまま持ち続けていた。言葉づかいにしろ、着るものにしろ、また、何よりも階級意識の点でもすべてそうであった。かれは、一人の炭坑夫であったし、それ以外の者にみられようとは決して望まなかった。シモーヌは、かれの誇り高さ、かれの公明正大さ、かれの無私無欲なことをみとめ、かれを尊敬した。かれのまわりには生活とのきびしいたたかいをするのに慣れた一群の人々がおのずと集ってきた。その中の幾人かは、特別服務隊員として、鉄の規律に服していた。シモーヌは、こういう人々の列に加わろうとした。それはやさしいことではなかった。かれらと一緒に酒場のテーブルにすわって、パンの皮をかじったり、トランプ遊びをして、かれらと交際した。映画や、大衆的なお祭りなんかにも一緒に行った。あらかじめ、かれらの妻に通知しておかないで、不意にかれらの家へ連れて行ってくれるようにたのんだこともあった。かれらは、この若いむすめの態度に少々おどろいた。高い学問があるくせに、かれら自身の妻よりもそまつな身なりをし、彼女が一生けんめい考えていることといったら、それこそかれらをおどろかせるに十分であった。しかも、それでいて、彼女はかれらの気に入った。いつも、かれらはこの「ル・ピュイっ子」をあたたかくむかえるのだった。かれらは、さいごまで彼女を忘れなかった。中のひとりは、愚直《ぐちょく》な男ではあったが、彼女にたいして、かわらない愛情をもちつづけていた。また、ついこの間出あった別な男は、彼女が死んだのを知って、こんなふうに自分の残念な気持を述べた。「あの人は生きられなかったのだ。あんまり学がありすぎて、その上、ろくに食べなかったからね」。この二つのことの指摘だけでも、シモーヌという人がよくわかる。一方では、たえず集中的に頭脳をはたらかしているくせに、他方では、物質的な生活に関してはまったくといっていい程無《む》頓着《とんちゃく》であった。こういう不釣り合いなことをしていては、ついには人よりも早く若死するよりほかはないのだ。*

*原注　わたしの夫は、しばらく前、古い友だちの炭坑夫たち、相当大ぜいに出あった。夫が話してくれたところではその人たちはみな、彼女が死んだのを知って「いたく落胆」していたという。

*

あの当時、彼女は組合運動にどのようなかたちで参加していたのであろうか。サン・テチエンヌの学習サークルにも単に出席していただけではない。みずから、自分の教授資格《アグレガシオン》者特別手当を本の購入などにあてて、サークルの活動を援助していたのであった。こういう特別待遇をうけていることを、彼女は耐えられないような特権とみなしていた。炭坑夫たちの互助金庫にも金銭的な支持をしていた。それができたのは、彼女が一日五フランで生活する決心をしていたからであった。この額は、ル・ピュイの失業者手当と同額である。オート・ロワール県教員組合でも、闘争をしたが、そこでは、「自由学校」グループに接近していた。ル・ピュイでは、失業者代表部に加わって新聞によって論戦を張ったり、理事者側とわたりあったりした。さらに、何よりも、闘士たちと何度も論争をくりかえしたのち、一九三三年八月の『プロレタリア革命』誌上に、「展望」という一般的な題で公けにされた一論文において、社会の発展について、自分の考察をまとめ上げた。この研究は、——「われわれはプロレタリア革命に向かっているのか」という副題が添えられており、——シモーヌが社会主義をどのように理解しているかをはっきりわからせてくれる。彼女によれば、社会主義とは、「労働者の経済的支配であって、国家の官僚的・軍事的な機関による支配ではない」のであった。問題は、労働の組織が現状のままであって、はたして労働者がそういう主権の獲得へむかっているかを知ることであった。労働者階級こそ、資本主義に代って立つ者でなければならないとする革命家の一種の信条みたいなものと反対にシモーヌは、あたらしい抑圧の形式、「機能という名による抑圧」があらわれているのを見てとっていた。彼女はこう書いている。「実際に働く人たちが、秩序だて統合する人たちに従属することによって成り立っている生産の様式においては、おのずから、官僚階級の独裁という特徴をもつ社会構造を生み出すかもしれないということが、知られていないのだ」。こういう官僚独裁の危険は、その後はやくもはっきり見えてきたのであった。バーンハム*も、マネージャーに関するその著書の中で証言しているとおりである。ところで、事実のこういう指摘は、どんなにすぐれた見通しをもつとしても、あまりに悲観的《ペシミスト》なので、彼女自身、敗北主義の非難をうけるのではないかとおそれていたのであるが、だからといって、それが絶望したり、たたかいを放棄したりしてもよい理由になるだろうか。彼女にとっても、そういうことは問題にならなかった。「……なるほど、一度でも敗北すると、わたしたちが人間生活の価値をなすとみなしているものが何もかも、この先いつまでともわからぬ間、無に帰してしまうような気がするのであるが、しかもなお、わたしたちは、なんらかの有効な可能性を持っていそうに思えるものなら、どんな手段をつくしてもたたかいぬかねばならないことは、はっきりしている」。これより以上に勇気を与える言葉があるだろうか。

＊訳注　バーンハムは、ジェイムズ・バーンハム（一九〇五―八七）で、アメリカの哲学者、『組織の時代』（一九四一）の著者。この本の中で、バーンハムは、資本主義体制が次第に消滅して行くことを考察している。ただし、それは社会主義体制に移行するためではなく、「管理者」の体

制への移行であり、すでに現代社会においても幾分かその実現が見られるという。かれは、近代世界におけるテクノクラットの役割を重要視している。

さいごに、同じく、彼女がわたしたちと一緒にいた時代に、ドイツへおもむいたことがあった。当時、ドイツでは、ようやくナチとそのおそるべき手段が、人々の口にのぼりだしていた。わたしは、彼女が一人の若い同志に一緒に行かないかとしきりに説得していたことを思いだす。彼女にとっては、こんなことはごくあたり前のことであった。自由を守るためにたたかっている人たちがあれば、当然、その人たちはみんなから助けてもらう権利があるのだった。わたしは今でもおぼえているが、ドイツから帰ってきたとき、彼女は向こうで見てきたもののために、心の底まで痛めつけられ、反ナチのドイツ人たちが、どれほどの残酷な目にあっていたかを思い出して、たまらないいらだたしさを見せ、テーブルの片隅にくずれるようにすわりこんだものだった。一九三二年一〇月二五日の『プロレタリア革命』誌にのせられた論文において、彼女はドイツの状況を、この上なく明快に分析してみせ、ヒットラーの勝利を予言した。かなしいことに、彼女の予見したことはあたった。

＊

炭坑夫たちと交わり、失業者の受ける給与で生活し、労働運動について考え、執筆するというだけでは、彼女は満足できなかった。彼女の知性にも、感性にも、——彼女においては、二つのものは、ほとんど同じ力をもって存在していたのだが、——同時に何よりも大切なことと思われたのは、労働と労働者の関係を内部から探求することであった。この点を完全に知るためには、自分自身が労働者にならずには不可能であると、彼女は思った。そこで、彼女は女工になる決心をしたのであった。さて、この点が、わたしと彼女の意見が大きく食いちがうところであった。わたしは、プロレタリアの状態は、事実そのようにあらしめられるものであって、選んでなることができるものではないこと、何より精神状態すなわち人生をうけ入れる仕方に関してはとくにそうであることを、これまでも信じてきたし、今もそう思っている。わたしは、「一日炭坑夫」のような実験にあまり共感をおぼえない。たとえば、社長の息子がおしのびで、こっそり、父の炭鉱へ働きに来て、実験が終ればまた社長の暮しにもどって行くというようなものである。わたしは、一人の女工が基本的に経験するものは、ブルジョア階層出身の哲学教授資格《アグレジェ》者の女が感じとるものと同じではありえないと、むかしも考えていたし、今もそう考えている。サン・テチエンヌでシモーヌの友人として、小グループをつくっていた三、四人の仲間の考えも、これと同じであった。わたしたちは、このことをずけずけと、おそらくは多少あらっぽく彼女に述べた。わたしたちの関係は、——愛情にはみちていたが、——世間的なみえや遠慮はなかったからである。それにまた、他にもいろいろ理由があったので、わたしたちは彼女が計画を実行に移すのをやめるようにすすめた。すなわち、彼女はあまり手先が器用でないこと、それに健康上の理由であった。彼女は、おそろしい頭痛になやんでいたし、後にも、「頭痛がなかなか自分を離れて行ってくれない」と書いてよこしたこともあった。

わたしたちの考えたことは、一般的には正しかったかもしれないが、シモーヌに関するかぎりはまちがっていた。まず第一に、彼女は自分の体験を徹底的に、できるだけの誠実さでおし進めた。そのために、家族からはなれ、工場の仲間と同じ物質的条件で生活した。当時彼女が書いてよこした手紙や、一九三六年のストライキ後に『プロレタリア革命』誌上に発表された論文によっても、明らかであるが、彼女は、その適応能力のゆえに、また彼女自身の言いかたによれば、「注意力」のゆえに、労働者、とくに未熟練〔無資格〕労働者には、どのように非人間的な性格の運命が課せられているかを実にするどく理解することができた。彼女は、「ちりあくたのような取り扱いをうけているこういう人たち」の姉になったように感じたのであった。彼女にあっては、この体験は、文学ではなかったのである。「労働者階級の中を歩いていると、自分が教授資格者《アグレジエ》であることを忘れてしまう」と書いたこともある。この体験は、彼女の生涯の終りまで深い影響を残さずにいなかったのである。

＊

一九三四年に、彼女はロワール県を去り、わたしは以後、二度と彼女に会うことはなかった。彼女がスペインで、左翼軍の民兵になったとき、ハガキをもらったことがある。テヴノンは、一九三八年に、パリの会議で彼女に再会した。それから、戦争になった。そして戦争がすんで、彼女の死が告げられた。

*

おそらくは、将来いつの日か、老練な労働者の闘士が、わたしたちと同じようにいったん彼女という人を知ることがあるならば、彼女のさまざまな社会的経験の中から教訓をひきだしてくる必要を感じる日がくるにちがいない。つねに労働運動の中で生きてきたものの、ついに闘士にはならなかった——このわたしとしては、ただシモーヌ・ヴェイユが幾人かの仲間の胸に残して行った思い出の証人になりたいとだけ思う。彼女は、あつい友情の雰囲気の中で、これらの仲間たちと信頼しあって生きてきたのであった。その中の多くの者は闘士であったし、今もなおそうである。みんなは、シモーヌとかわした議論のこと、彼女の要求のきびしさ、容赦《ようしゃ》のない厳密さで考えるように強《し》いられたことなどをよくおぼえている。今でもまだ、みんなの思いは、つねに不満な顔をしていたあのシモーヌの方へと、ともすれば向かうのである。

わたしはさらに、彼女と近づきになり、彼女という人を正しく知ることができた者が、どんなに幸福であったかを言っておきたい。彼女から信頼をもってむかえられ、そのそばにいることは、なんとたのしいことであったか。彼女の男の友人の一人が、しばらく前、彼女こそ、「作品においてよりも、その生活においていっそう詩人」であったと書いてよこしたことがある。ほんとうにそのとおりである。彼女は素朴な人だった。一般的な教養からすれば、わたしたちよりもずっとすぐれた人であったのに、わたしたちはざっくばらんな調子で、彼女とながい会話を交わしたり、冗談を言いあったりすることができた。彼女も一緒になって笑いこけ、歌をうたってくれとたのむこともあった（歌といっても、かならずしも、筋の通ったまっとうなものばかりではない）。彼女の方もまた、あまり美しくもなく、ほかに家具とては何ひとつない部屋の、小さな鉄のベッドの下にすわりこみ、ギリシアの詩などを、ときどき暗唱してくれることがあった。わたしたちには、そういうものはまるで理解できなかったが、とにかく彼女がそれをたのしんでやっているらしいので、一緒になってよろこんだ。要するに、ちょっとほほえんだり、目くばせしたりするだけで、何かおもしろいことが起こったときなど、たちまちわたしたちは彼女と気脈を通じあうことができたのだった。彼女の性格にあるこういった側面は、ふつういつも彼女がものごとをあまりにも生真面目《きまじめ》に見ようとするので、かくれて外にあらわれることが少ないのであるが、ほんとうに忘れられない魅力にみちていた。

また、それにおとらずわたしたちをひきつけたのは、彼女には杓子定規《しゃくしじょうぎ》なところがまるでなく、いつも自由な空気をただよわせていたという点であった。それでもやはり、彼女という人は尊敬にあたいした。外にあらわれたこういう面は、彼女をわたしたちに近づけたものであるが、反面、おさえがたい敵対意識を生むことにもなった。だから、わたしたちが、彼女を愛することのできる時期に、彼女という人を愛しえたということは、何より深いよろこびである。

ところで、とにかく、ひとりで書斎にこもり、本をひもといて、彼女の深い思想をありのままに、完全にくみつくすことができる場合なら、彼女に感心したり、彼女の偉大さを理解したりするのは比較的簡単なことである。しかし、実際に彼女のかたわらで過ごしたことのあるたくさんな人たちの中で、彼女がたぐいまれにみる存在であったことにまるで気づきもしない者がいたという点をも、認めておかねばならない。ともあれ、彼女がまだ不信仰者であった時期に、彼女を知り、彼女を愛したことのある者にとっては、のちに、彼女が深い信仰の持主になっているのを見出しても、うわべの変化にかかわらず、彼女の生涯は終始一貫して完全に筋が通っていたと思えるのである。彼女は、自分自身を不幸な者の中のもっとも不幸な者とみなし、そのように身を処して行きたいと思っていたが、こういう衝動は、なみの人間のありふれた望みとはまったく別のものである。こういう衝動は、不幸を知り、——それだけならなんの価値もないのだが、——不幸を解釈したいという、——それによってなんらかの効果を期待しうる、——望みと、同時に、絶対的な正義の感覚から生じてきたのであった。つまり、他の多くの人がなんの権利も持っていないのだから、自分にもまたなんの権利もないのだと感じる感覚である。ところで、こういう性質は大へんはっきりして、たやすく外からうかがわれるものである。この性質があったために、一九三三年、彼女は失業者のうける手当だけで生活し、一九四三年、ロンドンの病院のベッドで、ただひとり、窮乏《きゅうぼう》と病のゆえに死んで行ったのであった。この死がどんなに痛ましく見えようとも、これこそ、シモーヌがえらんだ生涯の当然の帰結であった。アルベール・カミュも言ったように、シモーヌ・ヴェイユのたどった道は、孤独な道であった。

シモーヌ・ヴェイユについて友人たちに語ったとき、ほとんどいつも次のような二つの意見がのべられた。「彼女は聖女だった」。あるいはまた、「彼女のような一生が、なんの役に立つのか」。実際、わたしも、彼女が聖女であったかどうか知らない。しかし、革命家、——その中の最良の人々——の中でも、多くの人たちが、こんなふうに物質的な幸福から離脱しようとする気持や、もっとも不幸な人々と一体になりたいというねがいを持っている。人はまず、心によって革命家になるのだ。シモーヌにおいて、こういう精神状態は、きびしい規律の段階にまで高められていた。「彼女の人生がなんの役に立ったか」を知ることは、何より重要な問題である。わたしとしては、彼女が窮乏のために苦しみ、あえて苛《か》酷《こく》な生活を自分に強制していることを、しばしば、腹立たしく思ったものだった。そして今でもまだ、彼女が自ら好んで苦しみをたえ忍び、それが大半の原因でこんなに早く消えて行ってしまったことを思うと、いきどおりを禁じえない。しかし、まさに、こういうむくいを期待しない苦しみのゆえにこそ、彼女は余人のもたないあの「注意力」をもつことができたのではあるまいか。この注意力によって、彼女は、ほこりにまみれた日々の生活の中にひそんでいる、きよらかな種子を見つけることができたのではないか。そこで、こういう無償の苦しみが彼女を一人の証人にしたのではないか。そこで、この証人の純粋さと誠実さは、決してうたがうことができないのである。最後に、こういう苦しみのゆえに、彼女は、おどろくべき同情心を与えられ、人間のありとあらゆる悲惨さを見とおすことができるようになったのではあるまいか。何よりシモーヌにおいてたたえられるべきことは、完全の要求と自分の生涯とをまったく一致させたという点である。この点は、どんな宗教的影響よりも先立つのである。さらに、この完全の要求があったために、彼女はついに教会の中へはいることができなかった。教会もまた人間のつくり出したものであるゆえに、不完全の烙印《らくいん》を負わされている。このことは、革命運動と同じである。もっとも、彼女は革命運動の方には、目に見える多くのきずなによってつながっていたけれども。

わたしたちが彼女を尊敬し、彼女を愛するようになった理由は、一面的なものではない。それゆえ、今わたしたちには理解の行きとどかない彼女の神秘生活の入口で、彼女と別れなければならないとしても、彼女に対して、あくまでまじりけのない愛情と、忠実な思い出をいだいていることにかわりはない。

ロシュ・ラ・モリエールにて、一九五〇年一二月

アルベルチーヌ・テヴノン

自分の心にそむいて、冷酷な必然の定めに服し*

工場日記

人よ、今自分は何をしているのかを知れ、——そればかりでなく、どんなに有用なことをしていると認めようとも、——自分がどれだけの変化を加え得たかをしらべてみよ。

人おのおの、自分の仕事についてじっくり考えてみよ。

＊前ページ訳注　原文ギリシア語、本書二一四ページ参照。

第一週

一九三四年一二月四日火曜日、入社。

火曜——日中、三時間の仕事。朝のはじめ、一時間のきりもみ作業（カッー）。午前の終り、ジャコと一時間のプレス（このとき、倉庫係と知りあう）。午後の終り、四五分間、型板の作業を手伝い、ハンドルをまわす（デュボワと共に）。

水曜、朝——午前中、何度も休止しながら、はずみプレス。いそぐことなく、したがって疲れることもなくやる。未完了。

三時から四時まで、プレスで簡単な仕事。〇・七〇パーセント。それでも、完了できない。

四時四五分、押しボタンつき機械。

木曜、朝——押しボタンつき機械、〇・五六パーセント（〇・七二になるはずだった）。

午前中に一一六〇個——たいへん困難。

午後――停電。一時一五分から三時まで待つ。三時退ける。

金曜――直角の品物を、プレスで（ただ直角だけを強く打ち出す機械である）。一〇〇個がオシャカになる（ねじがゆるんだので、砕けてしまう）。

一一時から、手仕事。やり直しをするというので、組立てられたセットから厚紙を抜く（固定磁器回路――厚紙を鋼板にかえる）。工具は木づち、圧搾空気のチューブ、のこぎり刃、目の大へん疲れるライト・ボックス。

工場の施設を一巡、大したものを見る時間もない。出かけて行ったために罵倒される。

土曜――厚紙。

注文伝票、ただの一つも完了できず。

女工たち。

　マダム・フォレスチエ。

ミミ。

トルストイ崇拝家（ユウジェニイ）。

鉄棒の仲間（ルイゼット）。

ミミの妹。

ねこ。
軍需工場のブロンド女。
赤毛の女（ジョゼフィーヌ）。
離婚した女。
火傷した子供のある女。
ロール・パンをくれた女。
イタリア人の女。
デュボワ。
役つき。
ムーケ。
シャテル。
倉庫係（ポメラ）。
調整工。
イリオン。
レオン。
カツー（ミシェル）。
「ジャコ」（職工になるのは二度目）。

ロベール。
「ビオル」（ヘッドにいる）。
（または、ヴ……何とか）
「…………」（かまど）。

男の工員。
ヴァイオリニスト。
うぬぼれ屋のブロンド。
めがねをかけた老人（『自動車マガジン』を読んでいる）歌の好きなかまど係。
めがねをかけた穿孔工《せんこう》（「今にわかるよ」……たいへん親切）。
木づちの少年（飲む、——独身）。
その相棒。
わが「婚約者《フィアンセ》」氏。
その兄弟（？）
ブロンドの若いイタリア人。
溶接工。
製缶《せいかん》技工。

第二週

月曜、火曜、水曜――ボール紙の取りのぞき。〔月曜〕一〇時に職工長が、わたしを呼びつけて、わたしの賃金削減率を二フランにすると言いわたした（実際は、一フラン八〇になるはず）。火曜、はげしい頭痛、のろのろと、へまな仕事ばかりする（水曜には、木づちで打つのも、力がはいり、正確になって、仕事をはやく、上手にできるようなった――しかし、目におそろしいような痛み）。

木曜――一〇時（あるいは、もっとはやく）から、二時頃まで、大きいはずみプレスで、金属の圧平。一度は完全に仕上げたのに、工場長の命令で仕事のやり直し。やり直しの仕事は、つらくて危険だ。

やり直しの命令は、当然だったのか。それとも、新入りいじめか。とにかく、ムーケはわたしにやり直しをさせた。へとへとになるまで、危険な仕事をやらせた（重いつりあい重りが、頭の上にがつんとぶつかってくるかもしれないので、そのたびに、身をかがめなければならないのだ）。まわりの人たちの、だまっているけれど、同情と怒り。わたしは、自分自身に腹が立って（わけもなく。わたしの打ちかたが十分強くなかったなどと、だれかに言われたからではないので）、自分の身を守る用心なんてしたってつまらないなどとばかなことを考える。それでも、事故はなかった。調整工（レオン）が非常に憤慨している。たぶん、ムーケに対して腹を立てているのだろうが、表には出さない。

一一時四五分に、点検……

午後、四時まで休止。

四時から五時一五分まで……

金曜――プレス――座金に、機械が穴をあけ、⊖のような形にする。一日中、仕事をした。スプリングがこわれて、その修繕をしなければならなかったのに、注文伝票は完了。わたしははじめて、一日中、同じ機械で仕事をした。べつに全速力でやったわけではないのに、たいへん疲れた。計算のまちがい、わたしがたのんだので、わたしの後についてきた女工が訂正してくれた（実にいい人だ）。

土曜――目に見えない、ずっと低い位置の軸受けに接している真鍮《しんちゅう》の先端に穴をあける仕事一時間。六つ七つのオシャカをつくってしまった（いつもいい気になってどなりちらしてばかりいる調整工のレオンの言うところによれば、昨日、今までこの仕事をしたことがない新米の女工でも、これをりっぱにやってのけたということだ）。未完了――でも、仕損じの品物を出したのに、叱られずにすむ。予定数だけ仕上げたからだ。

レオンと、真鍮の小さい棒を切る仕事四五分間。

簡単だ、――失敗もなしにすむ。

休んで、機械の掃除。

注文伝票一つ分だけ完了（金額二二五フラン五〇）。

馘《くび》になった女工――結核で――は、何度も、何百個というオシャカをだしていた（どの位になるか見当もつかないほど）。一度はちょうど、病気が重くなる前だった。だからまあ、ゆるしてもらえた。すると今度は五〇〇個もオシャカだ。しかも、それは夜間組（二時半から一〇時半まで）のときだった。そのときには、全部のあかりが消されてしまって、ただ、携帯ランプだけしかついていない（携帯ランプなんて、全然なにもついていないのと同じだ）。しかも、事態は、組立て工（ジャコ）の責任問題がおのずとからんでくるということによって、いっそう複雑となった。わたしと一緒にいた女工たち（ねことそのほか何人か――トルストイ崇拝家もいたか――は休憩中だった）はジャコに味方した。中のひとりが言った。「だれだって、生活費をかせがにゃならないときには、もっとていねいにやらなきゃいけないよ」。

その女工は、当の仕事の注文それ自体を、できないこととして、蹴ってしまったようにみえた。(たぶん、あまりにむつかしすぎて、払いもわるいので)「到底やりきれない仕事」だというわけだ。工場長が、「明日の朝、もしやれなければ……」などと、申しわたしていたのだ。みんな、たぶん、彼女が仕損じをだしたのは、悪意のためだと結論したのだろう。女工たちの方からは、ひとことも、同情の言葉は聞かれなかった。それでいて、女工たちはみな、せいぜい二フランそこそこを、かせぎだすために、注文分が完了できなかったりしたら、それこそうんと罵倒《ばとう》されることを承知の上で、くたくたになるまでやらされる仕事が、どんなにいやなものかをよくわきまえているのだ。――しかも、病気のために、嫌悪の思いは何倍にもなっていたのにちがいない。こんなふうに同情が見られないというのは、つまりこういうわけだ。こういう「やくざな」仕事を、もしだれか一人がうまくまぬがれたら、他の者もまぬがれられるからだ……ある一人の女工(マダム・フォレスチエだったか)はこう説明する。「彼女は口答えなんかすべきじゃなかったんだよ……生活費をかせがにゃならない場合に、それも仕方のないことだよ……(何度もそうくりかえした)……だから、副支配人にでもこう言いに行きゃよかったんだよ。たしかにわたしがわるうございました。しかしまあ、すっかりわたしだけのあやまちというわけでもございませんし。あかりも暗くて、よく見えないんでございますからね。もうこれ以上、あんな仕事はできません。あかりも暗くて、よく見えないんでございますからね。

「生活費をかせがにゃならない場合に」と言われる一面の理由は、次のような事実があるからだ。一部の女工たち、結婚している女工たちは、生活のためというよりは、もう少し安楽な暮しがしたいために働いているのだ（先の女工も夫があったが、失業者であった）。女工たちといっても、種々さまざまで、みなそれぞれ非常にちがうのだ。

給与の制度。注文伝票の未完了分は三フラン以下であること。二週間たつと、小委員会で、未完了分の注文伝票に勝手な値をつける（小委員会は、ムーケ、時間測定係《クロノ》……クロノは、なさけ容赦しない。まだしも、ムーケの方は、いくらか女工たちをかばうようだが）――あるときは四フラン、あるときは三フラン、あるときは、削減率で（ほかの者には、二フラン四〇の割だ）。あるときは、あがりの利益から削減率との差額をさし引いて、実際に仕上げられた金額だけしか支払わない。たまたま、自分がこういう不正の餌食にされているとさとった女工があるとすれば、不満を申したてることができる。けれど、これは屈辱的なことである。まして、自分にはなんの権利もなく、上役の好意だけにすがっている身であればいっそうのことである。上役は、女工の価値に応じて決定をくだすのだが、それよりも自分の勝手気ままに決める場合の方がずっと多い。

仕事の間にむだに時間をついやすと、てきめんに仕上がりにひびいてくる（しかも、注文があまりたいしたものでない場合など特に、それが未完了になる危険がある）。そうでなくとも、給料から差引かれる。こうして、二週間のうち九六時間以下の計算になってしまう。こういう管理のしかたなのだ。それでなくても、いつも実際についやされた時間よりも時間を少なく見つもられてしまう。

あらかじめ、時間の割りふりをすること。

こんな話を聞いた。ムーケのことだが、ミミの妹が、ある注文伝票の価格のことで、かれに不満を申し立てに行ったという。すると、かれは、乱暴にも仕事をしに帰れといって、突き返した。彼女は、ボソボソ言いながら、一〇メートルも引きかえしてきた。――そうすると、かれは彼女の方へもどってきて、「どうしたのだ」と言い、事柄に決着をつけたというのだ。

「注文伝票をとうとう未完了のままにしてしまうようなやつは、そう多くいない」というわけだ。

第三週

つらい仕事。

一七日、月曜、午前――小さなはずみプレスにかかる。

朝のうちずっと、圧平――疲れる――仕損じる。

大きいはずみプレスのときに起こったことを思いだすと、自分の打ちかたが足りないのではないかと心配になる。しかも一方では、あまり強く打ってはいけないような気もする。それに注文分を仕上げようとすると、途方もないようなスピードを出してやらなければならないような気がする……

午前の終り、ロベールの重いプレスで、金属棒から座金をつくる。

午後――プレス。〇・五六パーセントの割で、部品を置くだけでもたいへんむつかしい(二時半から五時一五分までに六〇〇個。機械の修理に三〇分。わたしが、部品を一つ、機械の中へ落としてしまったので、調子がくるったのだ)。疲れて、胸がむかむかする。

二四時間、自由な存在であった(日曜日)のに、また奴隷的な条件に屈従しなくてはならないという感じ。少しでも、のろのろしたり、仕損じをしたら、怒鳴りつけられることはわかりきっているので、むりをして緊張し、へとへとに疲れなければならない。それもみな、このわずか五六サンチームのためだと思うと、いやになる。……しかも、自分は両親の家で食客《しょっかく》になっていると思うと、いっそう嫌悪感がつのる――奴隷の感情――。

スピードの目まい(その中に身を投じて行くために、疲労や頭痛や胸のむかむかを抑えて行かねばならないのだから、いっそうだ)――。

わたしの横にいるミミ。

ムーケ、口出しをしないこと。「おまえさんが口出しをするところじゃない……」

一八日、火曜——同じ部品、——七時から八時四五分まで五〇〇個、全部オシャカ。九時から五時まで、二人分の仕事、時間給。三〇キロから五〇キロもある、長さ三メートルの鉄の棒。実に苦しいが、神経がいらいらしないだけまし。筋肉を動かすのには、ある種のよろこびもある……けれど、夕方にはへとへと。ほかの人たちから、同情の目で見られる。中でもロベール。

一九日、水曜——七時から一一時まで、仕事待ち。

一一時から五時まで、ロベールと一緒にながい板金《ばんきん》から座金をつくり出すために、重プレス。注文伝票は未完了（一時間二フラン、座金一〇〇〇個で二フラン二八）。非常にはげしい頭痛、ほとんど休みなく、泣きながら仕事をする（帰宅しても、次々に泣けてきて、果てしがない）。それでも、三、四個のオシャカを除いて、へまもしなかった。

倉庫係の忠告は、なかなか名案だ。ペダルを踏むのは、足だけですればよいので、からだ全部を動かす必要がないこと。片方の手でバンドを押し、もう一方の手でそれを支えるようにし、引っぱるのと支えるのを同じ手でしないようにすること。仕事とスポーツの関連性。

ロベールは、わたしが二つもオシャカをつくったのを見て、かなりけわしい顔をしていた。

二〇日、木曜、二一日、金曜――リベットを打ち出すために軽いプレス、――〇・六二パーセント――一時間二フラン四〇（以上）を実現。

（班長の親切な注意。もしおまえさんがオシャカをだしたら、つまみ出されるからな）。三〇〇〇個、――一八フラン六〇の収入。しかし、注文伝票未完了。最小限三フラン。失敗なし、ただし、理由のない心配ごとのために遅れてしまう。

リベット締め。一連の仕事。ただ一つむつかしいのは、秩序正しく作業をすること。ここでも、たとえばオシャカを二つ出したが、ついわたしがうっかりしていて、全部の組立てが終らないうちにリベットを締めたため。

木曜日、給与二四一フラン六〇。

二二日、土曜――イリオンと一緒にリベット締め。まあ愉快な仕事といってよい――一個あたり〇・〇二八。注文伝票の分は完了。それというのも、わたしが全速力をだしたため。そのまま、がんばりつづける、――とにかくなんのよろこびもないわけではない、何とかやりとげたのだから。

給料の予想、一フラン八〇が四八時間で、八六フラン二五。ボーナス、火曜日は一時間四フランで働いたから一七フラン六〇、水曜日は一フラン二〇、木曜と金曜は〇・六〇掛ける一五（およそ）で、九フラン、土曜日は一フラン二五掛ける三・五で四フラン二〇。だから、一七フラン六〇プラス一フラン六〇プラス九フランプラス四フラン二〇で、三二フラン四〇。そうすると、八六フラン二五プラス三二フラン四〇で、一一八フラン六五。ただし、多分ここから、五〇〇個のオシャカを出した仕事の分だけ差し引かねばならない。

実際わたしは、三六フラン七五のボーナスを得た（ただし、四五分つまり一フラン二〇の差引き）。だから、思っていたよりも、四フラン三五だけ多かった。おそらく、一つの注文伝票分の訂正——たぶん、月曜朝の圧平の分。

注文伝票一つ分を完了（金額一二フラン）。

第四週

休暇をもらう（クリスマスと新年の週間）。

かぜを引く——一週間中、ずっと熱がある（たいしたことはない）、それにおそろしいような頭痛。休みの終りになって、ふたたび仕事にかからねばならなくなっても、まだ、かぜを引いたままで、その上、疲れきっている。

クリスマスの日、一人の若い失業者に出あう……

第五週

二日、水曜――七時一五分から八時四五分まで、ロベールと一緒に、大きいプレスで、長い金属バンドの切断。〇・三一九パーセントの割で、六七七個。一時間一〇分のタイムだった。最初、油の欠乏のために、かぎ裂きができる。バンドの切断はむつかしい。それを引き寄せること。何度となく、切断片を救いだす。一フラン八五の収入。削減率により、二フラン一〇が支払われるはず。〇フラン二五の差額。

八時五〇分から一一時四五分まで。小さいはずみプレス（名前は忘れた）で、連結用の穴あけ。初めは、のろのろ進む。機械の入れかたが深すぎ、部品を長い間おきすぎていたため、――それに、わき見をしていたため。〇・八四パーセントで、八三〇個。七フランかせぐ。未完了だったが、たいしたことはない。タイムの記録は二フラン八〇で、実際は二フラン三〇。朝のうち、一時間取り返しをしなければならない。

一時一五分から二時半まで、仕事待ち（一時間とだけ、記録される）。

二時半から四時まで、プレス。朝切断した部品の型抜き。六〇〇個、〇・五四パーセント。だから、三フラン二四の収入になる。一時間二〇分のタイム（もし未完了でなかったら、一五分多いはずだが)。

四時半から五時一五分まで、かまど。非常につらい仕事。暑さがたえがたいというだけでなく、炎のために手も腕も焼かれそうになる。仕損じをする危険をおかして、なんとかからだを馴《な》らして行かなければならない……(また、一つオシャカ)。一〇〇個あたり四フラン八〇支払われる分が五〇〇個ある(残りは、木曜の朝)。だから、全体で二四フラン。八時間が自分の自由になる。

このなかに、わたしには一日、三時間四〇分プラス一時間一五分プラス一時間二〇分、あわせて六時間一五分ある。二時間四五分、取り返さねばならない。この点に留意すること。明日、わたしは、三時間半、または四時間以上は、やらないだろう。

かまど。最初の夜、五時頃、やけどの苦痛と、疲労と頭痛とで、わたしはまるで自分のからだの動きをどうにもおさえきれなくなった。かまどの調風鉄板をおろすことができなかった。製缶技工が一人とんできて、かわりにおろしてくれた。こういう場合に、なんとありがたいことだろう。また、かまどの火をつけてくれた少年が、かぎで鉄板をおろすのに、どうしたらもっと苦労が少なくなるかを教えてくれた時も、ありがたかった。けれども、ムーケが、かまどの前を通るのをもっと少なくするのに、部品を自分の右におけばよいなどと教えこむときには、自分でそんなことぐらい考えつけないことがくやしかった。わたしがやけどをするたびに、溶接工は同情のこもった微笑を送ってくれた。注文伝票の三つ分を完了した（かまどで二つ、リベット締めで一つ）。二四フラン六〇プラス九フラン二〇プラス二九フラン四〇で、六三フラン二〇になる。

三日、木曜——七時から九時一五分まで、かまど。目がさめたときから、はげしい頭痛だったが、前日よりもあきらかに、つらさはましになった。炎の前にあまり身をさらさないことを、できるだけオシャカを少しにとどめることを学びとった。それでも、たいへん苦しい。数メートルのところで、木づちを打つおそろしい音。

かまどでは、二四フラン六〇の収入。六時間のタイム。三時間の働き（だから、一時間あたり八フラン二〇）。

九時一五分―一一時一五分（または一一時半）、一日を、きりもみ作業にすごした。リベット締めはおもしろい。穴のあいた金属の薄板が積み重ねられているのに、リベットを通す。しかし、注文分が未完了になるのは仕方がない。

タイムはいくらになったか。おそらく一時間一五分、または一時間半、または一時間四五分。いずれにしても、わたしの削減率以下だ（たぶん一時間以上の差）。

一一時半―三時。ロシア料理の食堂で昼食。リベット締め、おもしろくて、やさしい。〇・〇二三パーセントで四〇〇個、すなわち九フラン二〇。タイム二時間半（一時間三フラン七〇で）。一時一五分に工場へもどったとき、耐えきれないような頭痛に苦しめられ、リベットを締める前にさかさまにおいたので、五個のオシャカをつくってしまった。さいわいなことに、検査に来たのは、きりもみ班の若い主任だった……

一時間三フラン以上の割で仕事をした。

三時一五分—五時一五分。かまど。昨晩や午前中よりも、ずっとつらさはましだ。——三〇〇個仕上げた（七フラン三五の割合だ）。

四日、金曜——七時—八時半。大きいプレスで、真鍮のバンドの切断。送り装置について教えてもらわねばならなかったので、時間がかかった。ふしぎな出来事が一つ起こって、そのことを反省してみる。バンドから切り抜かれた最後の断片はV字形であった。ところで、V字形に切り落とされたその断片は七番目のものだった。調整工（ロベール）はあっさりと説明してのけた。六個はずっと、母型の中に残ったままなんだと。タイム一時間一五分。〇・二二四パーセントで五七八。一フラン三〇の収入だ。削減率との差、〇フラン九五。

八時四五分—一時半（立ったまま）。研摩。ちょっとした操作で、タイム一〇分、そして、〇・〇二三パーセントの割で三〇〇個。六フラン九〇の収入。タイム二時間四五分（または二時間半か）。一時間あたり、二フラン四〇から二フラン七〇。ベルト・コンベアで研摩作業、困難だ。ゆっくりとやる。見た目にも、手ぎわがよくない（なかなか、手先が器用にならない)。それでも、オシャカの品を出さずにすむ。しかし、ムーケはわたしに仕事を止めさせて、残りの二〇〇個をほかの者にやらせる。

かまど。同じ工場のはしにありながら、この一角はまったくちがっている。上役もめったにやってこない。自由で友愛にみちた雰囲気で、卑屈な、さもしいものもうまったく見られない。調整工の役を引き受けている、感じのいい少年……溶接工……ブロンドの髪の若いイタリア人……わが「婚約者《フィアンセ》」氏……その兄弟……イタリア人の女……木づち係のたくましい若者……

とにかく、たのしい作業場だ。協同作業。製缶の機械、器具類、とくに木づち。小さな手動機械で曲げを与え、次いで木づちで形をととのえる。だから、手先の器用なことが第一に要求される。何度も計算をして、長さをきめる。――製缶作業は協同でやる。たいていの場合、いや、ほとんどいつも二人が組んで仕事をする。

水曜日、シトロエン問題に関する、社会主義者、共産主義者の第一五地区会議に出かけた。秘密会。シトロエン工場*の労働者は出ていないようにみえた。

*訳注 シトロエン工場は、フランス最大の自動車会社の一つで、一九一五年に、ミシュラン社により設立され、全世界に販路をもち、広大な企業規模を誇っている。

この点について、工場でもかるい反動がみられる。二人の労働者、「たびたび、変革されても、まだその必要がある始末だ」。それにつきるのだろう。倉庫係、「そんなものだよ……」。

製缶工場では、一人の労働者が前夜の会でくばられたトラクトを持っていた。

一時半―三時五分（立ったまま）。奥の調整工（ビオルか）とともに。大きい部品。埋めこみながら、はめて行く。可動棒でしめつけ、棒をゆるめる。金てこの上でたたいて、部品を取りはずす。力いっぱい、引きぬく。……一パーセント、一フランだ。タイム一時間二五分。――二四四個、二フラン四四の収入。調整工は、気が荒いが、たいへん気があう。これまでにも、よろこんで金属薄板の切断を手伝ったことがある。注文伝票は未完了、それも、時間測定係のまちがいのため。

削減率との差額、〇フラン二五。

三時一五分―四時五〇分（およそ）。ブリキの缶作り。油を塗り、心棒に巻きつけて、打つ。工具を使って、形を作る。適当な側を、溶接する。まる一日、そして前日も、立ったままですごしたので、へとへとである。動きも鈍る。この缶が、溶接されて、製缶技工班の仲間の手でつくられてきたのだと思うと心からうれしい気がする……この仕事の間に、病気の一女工のためのカンパ。一フラン出す。タイム一時間一五分。いくらの収入になるか。一三七個をつくった。〇・九二パーセント。――約一フラン三〇の収入。けれども、班長はなにも言わなかった。削減率との差、〇フラン九〇。

時間	金額
1時間 1/4	1フラン85
2 〃 1/2	7 〃
1 〃	1 〃 80
1 〃 1/4 ±1/4？	3 〃 25
… 6 〃	24 〃 60
1 〃 1/2	(？) 1 〃
2 〃 1/2	9 〃 20
1 〃 1/4	1 〃 30
2 〃 3/4	6 〃 90
5m. [1/4] 10分	？
5m. 1 〃 1/2 /25分	2 〃 45
− 1 〃 1/4	1 〃 30
7 〃 3/4	29 〃 40
3/4	2 〃 10
31時間 [1/2] 20分	92フラン15
(1時間はやい，たぶん1時間25分か)	削減率1フラン80 (30時間半につき)，すなわち54フラン60。ボーナス37フラン55。1時間3フラン以上になる(0.65増し)。

五日、土曜——七時—一〇時、かまど。ほとんどつらくなくなった。頭痛もない。悠々と三〇〇個を仕上げた。六〇〇個分として収入は二九フラン四〇。タイム七時間四五分。四フラン九〇の割合で仕事をした。

一〇時—一一時、型板（つづき）。簡単だ。ただ一つ失敗をしでかす。詰めてしまったのだ。レオンが怒鳴る、五〇サンチームの割。四二五個仕上げ。収入は、二フラン一二。タイム四五分。一〇時に支払いが、一一五フラン。ボーナス三六フラン七五。削減率による差額の合計、〇フラン二五プラス一フランプラス〇・九五プラス〇・二五プラス〇・九〇で、二《〔ママ〕》フラン五〇《〔ママ〕》（これ位なら工場をつぶすこともあるまい……）。

第六週

七日、月曜——七時—九時半。型板をつづけた。七時から八時四五分までに、八六五個、五〇サンチームの割で、一時間四五分。一〇五〇個はつくるべきだった。それから、大きすぎるものを裁断しに行った。だから、ブレは、三〇分しか（実際には）記録してくれなかった。

九時一五分に、型板の切断に行った。九時半まで。最初の注文伝票には、三〇分の記録

（だから、六八〇個分について、一時間一五分、つまり三フラン四〇。だから一時間あたり二フラン七二。未完了。第二の仕上り品につき、一時間一〇分のタイム。七〇〇個をやや上まわる分。完了。合計、一時間一〇分プラス三〇分プラス三〇分で、二時間一〇分）。

九時半―一〇時二〇分。一時間の、時間決めの仕事（一たん切断された長いバンドの両端を切断する仕事、ブレのため）。

一〇時二〇分―二時四〇分。プレスで、圧平（感じのいい奥の調整工とともに）。金曜日、一時半から三時まで、その仕切り壁を切断した大きい部品（ほかの者が、その中間に反《そ》りをつけておいた）。〇・八〇パーセントだ。二時間五〇分で、五一六個の仕上げ。タイム二時間半。四フラン一五の収入、つまり公けには、時間当り一フラン六五。二時間半当りの削減率との差額〇フラン三七。

二時四五分から五時一五分まで。いずれ溶接されるはずの小さな部品を、卵形に切るプレス。〇・九〇パーセント。実に簡単だ（時間測定係は、きっとばかなのだ）。一四〇〇個やった。だから、一四〇〇掛ける〇・九〇つまり、一四掛ける九〇で、一二フラン六〇。実際の割合は、五フラン〇五である。タイム三〇分プラス四五分プラス二時間一五分（三操作）で、三時間半。そこで、割合は三フラン六〇（つづけること）。

時間の合計、二時間一〇分プラス一時間プラス二時間半プラス三時間半で九時間一〇分。つまり、一二五分間はやかったわけ（つまり、一時間二五、または一時間五五）。

金額の合計。三フラン四〇プラス四フラン一五プラス一二フラン六〇で、二〇フラン一五、それに、時間給で支払われた一時間半分を加えること（四フラン五〇と六フランの間）。（一時間三フランで、一日ならば、二六フラン二五になるはず。しかし、圧平の完了した注文分については、一フラン八〇より以上の割合で支払われるべきであろう）。八時間四五分で二五フランということだ。正確には、一時間二フラン八八。

八日、火曜、朝――七時半―一一時一五分。プ、レ、ス、で、一一八一個を圧平。七時一五分に事故。部品が一個、機械に引っかかり故障をおこす。調整工（イリオン）の落ち着きと忍耐。二五個だけのオシャカですむ。わたしの落度ではないが、以後、その機械には注意すること。二時間四五分。五フラン三〇（〇・四五パーセント）。未完了（機械の修理がされている間、ハンドルをまわして、型板を切るのに、一時間一五分をすごす。女工が、ハンドルをはやく上げすぎ、わたしの回しかたがはやいと苦情を言った……。五一五六四五号。時間ぎめの仕事）。

一一時一五分―三時四〇分。ロベールと大きい、プ、レ、ス――ま、く、れ、の取りのぞき、――簡単。二八〇八〇四号――二時間半かかった（ちょうど、完了。しかし、注文伝票はやっと最後になって受けとった）。ロベールは、以前はそっけない男だったが、たいへんやさしくなり、がまん強くなり、熱心にわたしに仕事を教えこもうとするようになった。倉庫係が話してくれたのにちがいない。ロベールは、たしかに人の心をくんでくれる男だ。調整工において、人間的な性質が大切であること。

三時四五分—五時一五分……*

＊原注　原文でも、未完成のまま。

九日、水曜——七時—一時半。押しボタンつき機械で反りを与える。機械が摩擦のために動かなくなったので、——各部分品に注油——（このことでは、班長は、いつにないやさしい口調で話しかけてくれた）——手間どる——六二パーセント。ただし、価格表には関係しない。八三三個仕上げ——タイムは全部で六時間。——仕事はそんなに退屈ではない、責任感のために（わたしは、摩擦をさける方法を研究した）。

一時半—三時半、プレスで、穴あけ三つ（いつか上役からやり直しをさせられたとき、圧平をした部品と同じような部品）。軸受けが、最初調子がよくなかった。イリオンはそんなことには少しも頓着しない——悠々と修理をする——鼻歌まじりで。うまく直っているかという心配があったので、ゆっくりと仕事をする（軸受けを狂わせてはと心配だった）。H……——タイム一時間一五分——未完了。

三時四五分—五時一五分。レオンとリベット締め。紙で包まれた鋼鉄製のフード。やさしい。ただ、座金を正しくつけるように注意しなければならない（ねじ穴は高い所にある）。命じられたスピードで、つまり、休みなく働いた。しかし、初めはのろのろと（この点いずれ将来は、引き緊《し》めなければならない）。

注文伝票六つ、そのうち四つ分は完了した。平均して、二フラン八八の速度で働いた。事件もなく一日がすぎた。それほど、つらいこともなかった。奥の気むずかしい調整工と、だまっていても友愛の気持がかよう（この人だけだ）。だれにも話をしなかった。これといって教えられるようなことも何もなかった。

奥の方の作業場へ行くようになってからは、たとえ、その現場にもういない場合でも、工場にいることがずっとたのしく感じられる。

きりもみ作業の女工の一人が、ほんの少量ではあったが、髪の毛を一ふさ、機械にもぎとられた。彼女の頭の上には、大きな板状の禿げが見られる。それは、ある日の午前の終りに起こった。それでもやはり、彼女は午後仕事をしにやってきた。痛みははげしく、恐怖心はまだ去らなかったのだが。

今週は、非常に寒い。工場の中でも、場所によって、気温は実にまちまちである。機械で仕事をしていても、こごえそうで、あきらかに仕事の速度も落ちる場所がある。熱風口の前におかれた機械とか、かまどの前にいたかと思えば、今度は、風に吹きさらしの機械の所に移るという具合だ。着がえ室にもまったく暖房がない。手を洗ったり、着物を着かえたりする間、五分間もそこにいれば、それだけでもうこごえてしまう。仲間の一人は、慢性気管支炎にかかり、二日ごとに、吸い玉をかけてもらわねばならない有様である……

一〇日、木曜——(朝の三時半、ひどい耳の痛みを感じて目がさめる。身ぶるいがし、からだがねつっぽい……)

七時—一〇時四〇分。気分がすぐれなかったが、仕事をつづけた、——はやいスピードで。がんばった。しかも、しばらくたつと、一種の機械的な幸福感をおぼえた。これはむしろ堕落《だらく》のしるしであろう、——オシャカが一個(怒鳴られずにすむ)。終り頃、官僚体制を見せつけられる事件が起こった。すなわち、座金が一〇個、不足したのだ。

こういう官僚体制的な事件は、実にこっけいなものである。わたしがレオンに一〇個の座金の不足を告げると、レオンは、(それがまるでわたしの落ち度であるかのように)、不満たらたらで、わたしを班長のところへ行かせた。班長は、無愛想にガラス張りの部屋の中にいるブレイ夫人のところへ行かせた。夫人は、ブルトンネの倉庫へ連れて行ったが、あいにくブルトンネもいず、座金も見あたらないので、座金はないものと見きりをつけ、ふたたび部屋へもどった。そして、座金の注文を出したと想像される課へ電話をかけた。X氏に言えという返事だった。そこで、X氏の課へ電話をすると、X氏はY氏の課へまわったという返事があり、そこまでX氏をさがしに行けないということだった。彼女は受話器をおき、笑い、しばらくの間、ぶつくさ言っていたが(ただし、この間ずっと上きげんだった）、またY氏の課へ電話した。X氏がかわって電話に出てきたが、自分はその座金の注文には全然なにも関係していないという返事だった。彼女は笑いながら、いろいろ苦労しましたよとムーケに話し、余分に作るより仕方がないでしょうと語った。ムーケはおとなしくなるほどと言ったが、座金を作る設備がないとつけ加えた。わたしはこのことを班長に告げに行き、次いでレオンにも告げた（かれの罵《のの》りようといったら）。こうして、わたしが手をつくしているうちに、みんなはどうやらブルトンネのところでもう一度またさがしてみたらしい。レオンが、一五個ばかりの座金をもって来た（そしてまた、わたしを怒鳴りつけた）。それからわたしは、残っている一〇個を仕上げなければならないのだ。そして、もちろん、こういう官僚主義的な工作が行なわれている時間は、そのままわたしにとっては一文のお金にもならずについやされてしまう時間なのである。……

その間――班長とレオンとが、機械のことで、かるい言い争いをし、わたしを呼びに来させる。

一〇時四五分―一一時二五分、レオンのかまどで、焼なまし、――一五個――ずっとかまどの前にじっとして番をしなければならない（小さいかまどだけれど）。暑さは、とても耐えがたい。三五分間のタイム――一個あたり〇・〇三六。〇フラン九五の割で仕事をしたことになる。

一一時半から五時まで。大きい、重い、シールドへの穴あけ。（〇・五六パーセント、信じられない金額)。c・一二九〇号、b・五五番、——二二三個——タイム四時間。

劇的な出来事、——レオンがちょっと卑怯なことを言う(「おれは、他人のしくじりまで責任を引受けたくはない」)。わたしの作った部品の中で一ばん出来のわるいのを持って、班長のところへ行く(強引に——)——班長は、——いつもに似あわず、どっちかというと、やさしく、——調べに来て、止め金具がうまく行っていないのを見つける。その修整をさせる。レオンは、ながく連なった金具を後の方へずらす。

古い方の金具のためについ思いまちがって、わたしはまた、悪い部品をつくってしまう。レオンは怒鳴りちらし、班長のところへ行く。さいわいなことに、その次にわたしがつくったのは、良い品だった。わたしはそのままつづけたが、ぶるぶるふるえが止まらなかった。どうしていいかわからなくなって、倉庫係をさがしに行く。倉庫係はやさしく、よくわかるように説明してくれた(部品をにぎりしめないで、下の方からささえ、両方の親指でいつも前の方へ押すようにしていること。部品がそこにあるのが確かめられるように、金具に沿って移動させること)。ミミも、この前わたしの手助けに来てくれたことがあったが、ただ、そんなに心配しないでと言うばかりで、どんなふうに手を貸していいのか知らなかった。

倉庫係と調整工たちとは、どうしてこうもまあかけはなれているのか、——中でもレオンときたら、最低だ。

わたしは、ミミに給料表を見せて言った、「どういうことでしょう、わたしは注文伝票をいつも未完了にばかりしてきたようよ」。彼女の返事はこうだ、「そうよ、やつらは、出来のわるい品物には給料を払おうとしないんだから、ほかにどうしようもないわ」（やれやれ）。

一一日、金曜――七時―八時五分。同じ仕事、六〇一個を仕上げる、すなわち五フラン〇四。タイム一時間半。完了。一時間四フランそこそこで、公式には三フラン四〇で、仕事をした。

八時一五分―一〇時一五分、接触。銅の短い棒を、止め金具の上へおいて、穴をあける。そんなにむつかしくない。これは何に使われるのかとイリオンにたずねたところ、かれはでたらめな答をする。反対に、ロベールはわたしが何か質問するといつでも、説明してくれて、図面まで見せてくれる。きっと倉庫係が話をしておいてくれたのにちがいない。レオンときたら、かれの機械の操作ぶりを見たりしていたら、怒鳴りつけるだけだ。なぜだろう。位が上だからか。そうではない、かれは、わたしが何とか人よりよい品をつくり出そうという魂胆で自分に取り入りたがっているのだと思いこんでいる。いずれにせよ、仲間としてこんなことはあるまじきことである。

九時。c・四一二〇八七号、b・二六〇〇号、〇・六四パーセントで、したがって、三フラン八四。タイム一時間四五分。未完了。さいごに、剪断工《せんだんこう》とのちょっとした事件（部品の作り直しをことわったこと、結局そんなことをしても無駄なことがわかったのだけれど）。

一〇時四五分から一一時半まで、——ロベールの大きいプレス。

一一時四五分から五時四五分まで、——（レオンと一緒に）銅のバンドの切断ときりもみ。第二の劇的な事件、——一二五〇個が終ったとき、レオンは、穴が真中にあいていないことに気づいた（わたしは、全然なにも見ていなかった）。——またもや、怒鳴り声。ムーケがたまたまやって来て、わたしの落胆《らくたん》したさまを見て、たいへんやさしくしてくれる。すると、さっそくレオンは——自分が責任をのがれたとなると、もう知ったことかと言わんばかりに、——何ひとつ言わない。わたしは、穴が正確にあいていることなど、どうやらそんなに重要ではないらしいことが、まだ十分理解できなかったので、部品を一つ一つ止めては、きちんと金具にはまっているかをしらべ、始終、見本と照らし合わせてみた。レオンはあいかわらず、怒鳴りつづけたが、今度はそんなにわるい気持からではないようだった。自分の財布を犠牲にしてまで、良心的にふるまうということは、かれには明らかに理解しかねることであった。わたしは、少しスピードを上げたが、五時四五分には、一八四五個しか出来ていなかった。〇・四五パーセントの払い。だから、収入は、四フラン五〇プラス三フラン六〇プラス二〇サンチームで、八フラン三〇、つまり、一時間二フランがやっとだった。一時間半以上をとり戻さなければならないだろう。一〇〇〇個になる。

レオンはこの仕事を、まるでたいへんな恩恵をほどこすつもりで与えたらしい。なるほど機械の操作もたいへんなものである。しかし、もうこの仕事には十分慣れ、遅れをとりもどしたい一心で、全速力をあげてやったにもかかわらず、最後の日になっても、規定の三フラン分を仕上げるのがやっとの有様だった。むろん、わたしがいくらか病身であるせいもある。しかし、それでもやっぱり仕事に対する報酬があまりよくないことは確かだ。

一二日、土曜——同じ仕事。徹底的にこき使われる。やり方もわかってきた。まず、バンドをまっすぐに置く(レオンの支持台の並べ方はめちゃくちゃだった)。それから、止め金具に沿って、たえず動かしながら、バンドをすべらせて行く。最初、一時間と少しで、八〇〇個を仕上げる。しかし、やがて疲れが出て、速度が鈍る。実につらい。——脊骨《せぼね》が折れそうに痛む、芋掘りのことを思い出す、——腕をまっすぐにして、いつもピンと伸していなければならない、——ペダルを踏むのも少々苦しいことだ。ありがたいことに、今日は土曜日である。

なかなか遅れをとりもどすどころではない。二六〇〇個を仕上げる、つまり九フランプラス二フラン七〇で、四時間一一フラン七〇だ。とても遅れをとりもどすどころか、まだ規定の速度よりも三〇C(つまり六〇個分)も遅れている。そこで、わたしは自分の全精力をかたむけつくした……夜ふかしをしすぎたのだ、きっとそうだ。

全部で、四四〇〇個やった。

午後と日曜日は、苦しみつづけた。頭痛——不眠、めったにない大切なわたしの夜だのに「不安……」。

第七週

一四日、月曜——同じ仕事。さらにいっそうこき使われる、——ペダルを踏むのも、どんどん続けてできるようになる。とうとう一〇一五〇個を仕上げた。すなわち、一日で五〇五個、または、二二フラン五〇プラス三フラン七五で、八時間四五分二六フラン二五である。かろうじて、一時間三フランになる(六〇サンチームだけ足りない)。

へとへとに疲れた。そのために、遅れをとりもどすことはできなかった。一五時間で一〇〇〇〇個(四五フラン)仕上げなければならなかったのだ。わたしは一六時間四五分もかけた。

五時四五分、機械を止めたとき、心は真暗で、希望もなく、そのうえ、ぐたぐたに疲れて精も根もつきはてた状態だった。しかし、たまたま歌の好きなかまど係の少年にぶつかり、少年がにっこり笑い顔を見せてくれたり——倉庫係に出あったり、——着がえ部屋で、いつもよりももっと陽気な冗談が交わされるのを聞いたり、もうそれだけでわたしにはよかった、——こういうほんのちょっとしたあたたかい友情があれば、わたしの心はよろこびに溢《あふ》れ、しばらくの間は疲れも感じずにすむのだ。けれど、家に帰ると、また頭痛……

一五日、火曜——七時—七時半、同じ仕事。——完了（約二〇〇個残った）。タイムは全部で、一七時間半。注文伝票未完了、しかし、二フラン五〇と少しですんだ。

少々、ぶらつく、意味もなく。

八時……ビオルとブレーキ帯の仕事。たいへん大きいプレス（型打ち）、——部品もたいへん重い（一キロはあるだろう）。二五〇個はやらなければならないだろう。三フラン五〇パーセントの払い。部品一つ一つに注油、そのたびに機械にも注油。たいへん苦しい仕事、立ったままで、部品も重い。ふしぶしが痛む。耳が痛い、頭が痛い……

ムーケとビオル、ベルトのことで事件を起こす。

第一の事件、朝、ビオルとムーケ。わたしが仕事にかかる前に、だれかが機械のベルトを直しておいたのだった。しかし、直しかたがわるかったのにちがいないが、ベルトが横の方にずれるのだった。ムーケはベルトを止めさせ（ビオルの方が、いくらかまちがっていたのだ。以前なら、ビオルもベルトを止めさせたにちがいない）、ビオルにむかって言った。「滑車の位置が狂っているんだ。だから、ベルトがずれるんだ」。ビオルは、考えこんでベルトを見つめていたが、「いや、そうじゃない……」と言い出したのだった。するとムーケは、かれをさえぎり、「このおれさまは、そうじゃないとは言わないな。そうなんだ。なんと言ったってな……」ビオルはひとことも返事しないで、修理係の男を呼びに行った。わたしは、いかにも官僚的なその応酬ぶりといい、人を見下げた横柄《おうへい》な口調といい、ムーケに一発平手打ちをくわしてやりたい気持でいっぱいだった（あとでわたしは知ったのだが、ビオルはだれからも、いわば「少々足りない男*」と見られているのだった）。

＊訳注　原文はラテン語。

第二の事件、午後、とつぜん機械が、部品をさっと引きさらって行ってしまった。わたしは、部品を横へのけようと思ったが、だめだった。機械の上の方にある棒を落ちないようにとめている軸が、穴からはずれてしまっていたのだ。それがわたしには見えなかった。こうして、機械は部品の中へめりこんでしまった。ビオルは、それがわたしの落ち度であるかのような話しかたをする。

火曜日の一時に、統一組合のビラくばり。男たちはほとんどみんなといっていいほど、女たちもかなりたくさんな人が、あきらかにうれしそうに受けとってくれた（わたしまでもうれしくなってくる）。イタリア人の女がにっこり笑う。歌の好きなあの少年も……。

みんなは、ビラを見せびらかすように、手に持っている。読みながら工場へ入ってくる人も大ぜいいる。内容は愚にもつかないものなのだが。

こんな話を聞いた。あの女工が、鉤《かぎ》つきのボビンをつくったが、その鉤が一センチメートルほどしかなく、短かすぎた。工場長（ムーケ）は彼女に言った。「もし、これが使いものにならなきゃ、お前さんもお払いばこだよ」。しかし、たまたま、ほかの注文の中にこういうボビンが入っていて、その女工は救われた……

ひどい疲れのために、わたしがなぜこうして工場の中に身をおいているのかという本当の理由をつい忘れてしまうことがある。こういう生活がもたらすもっともつよい誘惑に、わたしもまた、ほとんどうちかつことができないようになった。それは、もはや考えることをしないという誘惑である。それだけが苦しまずにすむ、ただ一つの、唯一の方法なのだ。ただ土曜日の午後と日曜日にだけ、わたしにも思い出や、思考の断片がもどってくる。このわたしもまた、考える存在であったことを思い出す。わたしは、自分がどんなにか外的な事情に左右される者であるかを見てとると、ほんとうにぞっとする。そういう事情のためにある日、週一回の休みも与えられない仕事に従事しなければならない境遇につきおとされれば、それでもうおしまいなのだ――そしてこのことは、とにかくいつでも起こりうることなのである――そうしたら、わたしは、おとなしい、じっと苦痛をこらえる（少なくとも、自分ひとりのためなら）、牛馬同然の人間になりさがってしまうであろう。ただ、あたたかい友愛の心と、ほかの人に対して加えられる不正への怒りだけは、そのまま手をつけられずに残って行くであろう――だが、そういう感情も、果たしてこの先どこまで持ちこたえることができるであろうか。――もう少しのところで、わたしは、労働者のたましいの救いは、何よりも第一に、体力にかかっていると結論したくなる。たくましくない人たちが、なんらかの絶望的な状態におちこまずにすませるとは、とても思えない。――たとえば、酒に酔うこと、浮浪化、犯罪、放蕩《ほうとう》、あるいはまた、たいていの場合がそうであるように、考える力の麻痺――（そして、宗教もそうではないか）。

きびきびした態度でなければ（わたしは、感情の点について言っているのだ）、これに対抗することはできない。まず第一に、何に対して抵抗するのか。人は、ただひとりで自分の仕事ととり組んでいるのだ。抵抗するといっても、自分の仕事に対して抵抗するだけのことしかできないであろう――ところで、いらいらした気持で仕事をするのは、仕事がうまくできないということであり、従って、食いはぐれて死ぬということである。機械の操作をしくじって、馘《くび》にされた肺病やみの女工の例を参考にせよ。くつわをはめたままで綱をひっぱり、結局自分を傷つけるだけの馬みたいなものである――そして、身をかがめてしまう。そういう状況を意識することもなくなり、それに甘んじてしまうのがおちである。そんなときおよそ思考に目ざめるなどということは、いたましいだけである。

労働者間の嫉妬心。うぬぼれ屋の、ノッポの金髪男とミミの会話、ミミは、「よい仕事」にありつこうとして、ちょうどうまい時間に到着できるようにいそいでやってきたことを非難されている。――ミミがわたしに言う、「あなたはねたんでいないのね。それじゃ、あなたがわるいのよ」。しかも、彼女は、自分はねたんでなんかいないと言う。――そんなことはない、とにかくどうやら彼女はねたんでいるらしいのだ。

たとえば、火曜日の夕方の赤毛の女との事件。イリオンがわたしに与えてくれていた仕事をくれと要求する。わたしの前に立ちはだかってくるようだ（ところで、彼女にもやりかけの仕事があるのだ。それを一時中断しているだけなのである。こういうことをイリオンに打ち明けるのは、わたしが立ち去ってからはじめてする……）。仕事はよくない（〇・五六パーセント、部品を置く台がたいへん平べったいので、うまくそこに置かれているかを見るのがほとんど不可能である）。しかも、それでいて彼女にその仕事をゆずるのに、わたしとしてもひとふんばりしなければならない。一時間から三時間も、遅れをとっていたからである。ところが、彼女は仕事がよくないのを見てとると、わたしが彼女に仕事をゆずったのは、きっとそのためなのだと考えたらしい。

その同じ赤毛の女が、いざ休暇をもらうという段になると、女や子供だけが例外的な取り扱いをうけることに少しも頓着しないのである。

これ以外のことは何もないと思う。ロベールは、わたしに仕事をくれようとしないが、それは、わたしが半分もオシャカを出してしまうだろうからと言うのだ。そうなれば、わたしは、倉庫係としゃべりに行くより仕方がない。ある意味では、それも結構なことだ。もう精も根も尽きているのだから。

第七週目の火曜日（一月一五日）、バルダンウェクがわたしに耳炎の診断をくだした。木曜日、わたしはオーギュスト・コント通りへ移り、第八週と第九週はそこですごした。第一〇週、第一一週、第一二週の金曜日まで、スイスのモンタナですごし、そこで、A・Lの弟とフェーリングに会う。土曜日の午後（二月二三日）、ルクールブ通りの家へ帰る。二五日に工場へもどる。一月と一〇日間の留守。二月一日の前の日、一五日間の休暇を願い出ておいた。一〇日間よけいに、二五日間休んだわけだ。二月二四日付けで、わたしは（実際に仕事をした日だけを計算すると）全部で五週間働いたことになる。

六週間の休み。

第一三週

（週間四〇時間、四時半退社、夜勤はなし）

二五日、月曜——七時－八時一五分（およそ）。ミミ、ユウジェニイ——ルイゼットの仲間――などとともに仕事待ち。

八時一五分以後、かるいプレスで、リベットの打ち抜き。第三週の木曜、金曜と同じ仕事だが、止め金具の片方だけしか部品を置くことができない点がちがう。そのために、部品を一つ一つ注意して見なければならないし、仕事がおくれる。なかなか速くやれない。全部で二六二五個やったが、つまり一時間四〇〇個だ(朝一一時に、給料をもらいに行くために一〇分間つぶしたという事実も勘定に入れてある)。第一時間目はなかなか仕事にとりかかれなかった。手が神経質にブルブルふるえるのだ。しかし、そのあとでは、ゆっくりとではあるが、うまく動くようになった。しかも、仕事をしても疲れない。だというのに、注文は与えられない。

毎日、こんなふうに神経のいら立ちも少なく、疲れもなかったら、工場にいてもそんなに不幸ではないだろうに。

火曜――また、リベット。注文伝票が与えられる。〇・六二パーセント。いつかと同じだ(ただし、あのときは、止め金具の両側が使えた)。残りを一時間およそ五〇〇個の割で仕上げる。すなわち三フランの割だ。しかし、前日の遅れはとりもどせない。正午に、非常な疲労感におそわれて、家へ帰る。ほとんどものが食べられない。かろうじて、身を引きずるようにして工場へたどり着く。しかし、いったん仕事をふたたびやりだすと、疲労は消えて、むしろ快適な気分にかわる。退社のときにも、疲れは感じない。三時半から四時の間に、ねじのピッチを仕上げる（四〇五三六七号、b三のようなもの）。全部で六〇一一個ある。だから、わたしは七時間以上かかって、三三七五個仕上げたことになる（ともかく、一時間五〇〇個にはならない）、つまり、三七フラン二〇である。タイム一三時間四五分。

四時から四時半まで、座金。手動プレスでいつもジャコと一緒に。型の中へ次々とはめこんで行くために、手で材料をおさえていなければならない。ムーケは、もっと使いやすいように調整せよと言う。ジャコはそれがなかなかできない。ちょうど望みの高さに達するだけのブロックがないからである。わたしには時間がつぶれただけのことだ。一一〇個の座金。

水曜——八時一〇分、座金全部で五六〇個、〇・四六八パーセントの割で仕上げる。二フラン六〇のかせぎだ。ミミはわたしの後になり（わたしは少し彼女を追い越した）、自分の注文伝票について、少し疲れたような口調で、悲しそうに不満をもらす［c・四〇六二四六号、b・一番］。

タイム一時間一五分。

金属箔。はじめ、わたしは到底うまく出来まいと思っていたのだが、たいへんうまく出来た。ジャコは、たいへん親切なので、うまく出来ないようならそう言ってくれと、声をかけてくれていた。価格についてまちがいをおかしていた。二・六〇パーセントというのは、六個分一〇〇包、つまり、仕事の総量にあたる分についてだった。少なくとも、ミミの言うところではそうだ。わたしは、以前にはこうもいそがなかった。一〇時に終了し、正確に二フラン八〇をかせいだ。タイム二時間――c・四二五五一二号、b・二番。

休憩中の会話。ルイゼットの仲間の女が、のどに腫物《はれもの》ができて、――五日間仕事を休み――また戻ってきた。「がきどもは、病気だからって、おかまいなしだからね」。二日間働いて、また休み、腫物がつぶれて穴があいてからまた戻ってきた。彼女はあいかわらず陽気なものだ。神経質になったと言う。彼女の子供たちが、ドタバタと遊びながら走りまわったりするのが、たえられないようになったという。

ムーケが、――彼女に言った。「お前さんの髪の毛は、身長ほどもあるじゃないか」。彼女はすっかり腹を立ててしまった。できたら、ズケズケと返答したいところだった。「どう返事していいかわからないよ」。ミミの妹がかわって言い返した。あるとき、彼女は注文伝票のことで頼みたいことがあって、ムーケに会いに行ったことがある。かれは、荒々しく、かえって仕事をしなと言った。彼女はブツブツ言いながらもどってきた。一五分後に、かれは彼女のところへやって来て、注文伝票のことをうまく決済してくれた……「仕事がうまく行かないときには、調整工やシャテルに言うより、あの人に言う方がいいよ。

そういうときはあの人はたいへん親切だからね」。けれども、時々怒ることがあり、そうなるとわからずやになる。腹を立てたとき、かれがどんなことを言うかをみんなはいろいろと話す。「お前さんは一ぺんも狩りには行ったことがないのかね」とミミの妹に言ったそうだ。——ユウジェニイは、わざわざ仕事の手を止めてポルト・ド・ヴェルサイユへサーカスの動物たちを見に行った話を、楽しそうにしゃべりにくる（入場料二フランだそうだ）。豹をなでてやったそうだ……

＊訳注　パリの西郊、いろんな催し物が行なわれる。

若い普通工がいろいろ不平を言う。かれは、ラテン語を二年間、ギリシア語を一年間、英語を少し勉強したことがあるそうだ（こういうことを、かれはなんのてらいもなく自慢する）。当然、事務員になるのが自分にはふさわしい（そのことを、かれはいかにも誇り顔である）。それだのに、こうしてふつうの工員にされてしまった。「自分の名前を書くことすら満足にできない上役に、ペコペコしなきゃならないんだからね」。そればかりか、上役からガミガミと怒鳴られなければならないのだ。「こういう有様だから、労働者はかたく手をにぎり合わなくちゃ……」。このことがあってから、かれが通りかかると、わたしたちは笑顔を交わす。かれはたぶん一七歳だ。割合に気どり屋だ。

レオンは今いない（腕にけがをしたのだ）。言葉に出して言えないほど、気がせいせいする。ジャコが代りをしているが、かれものびのびして、まったく愛想がいい。

大きいはずみプレスで、リベットの仕事。困難な仕事、——部品はどれもこれも、うまく行かない。オシャカが一個出て、ジャコは気むずかしい顔になる。いくら出来たかなんてもうどうでもよい、数量なんて問題外だ（一一二五個でなく、一〇八個だったと思う）。一個あたり〇・〇三四の支払い、つまり全部で三フラン六五（一時間のロス）だ。しかも終了したのは二時間四五分だった。タイム三時間。次に、ブルトンネのところで四五分間休憩（屑物《くずもの》の裁断）。さいごには、型板で、ジャコと一緒に、手動または足踏み随意のプレスにより、ちょうど四時半に終了。ジャコはずっと親切にしてくれる（わたしのためにケースを並べたりしてくれる）。普通工の少年が来て、仕事のじゃまをする。価格の記録なし、しかし、注文伝票は未完了。

この三日間の収入、三七フラン二〇プラス三フラン六〇プラス二フラン六〇プラス二フラン八〇プラス三フラン六五プラス（一応見積るとして）二フラン五〇で、五二フラン三五になる。すなわち、一日八時間あたりで一七フラン四三、つまり一時間平均二フラン二〇になる。公式の削減率以上である。

夕方、型板をしているとき、頭痛。しかも、同時に体の力が全部抜けてしまったような感じ。工場の騒音も、今ではその中のあるものは意味のあるものになり（たとえば、製缶技工の木づちの音、大づちの音……）、深い精神的なよろこびと肉体的な苦痛とを、同時にわたしの中に起こす。これは非常にふしぎな感じである。

帰宅すると、頭痛が増し加わり、吐き気がし、ものを食べられず、ほとんど眠れない。四時半には、このまま家にいようと決心しながら、五時には起きあがる……温湿布、薬を一服。木曜の朝だ、さあこれでよしと。

木曜――「エアギャップ板」。注文番号c・四二一三四六号、b・一番。〇・五六パーセント。一〇六八個、すなわち六フラン。九時五分（頃）終了、タイム二時間。注文伝票は完了した（一つだけ）。

「可動工具デフレクタ」、ロベールと一緒。――はじめ、わたしは部品を置くのがむつかしいのではないかと思っていた。だがやがて、機械が落ちてくるときに、うまく部品を位置させることを知った。仕事がずっとはやく出来るようになった。五一〇個、〇・七一パーセント、すなわち三フラン五〇。一〇時四五分終了、タイム一時間半［つまり、一時間二フラン三〇］。注文番号c・四二一三一九号、b・一番。

休憩（屑物）。ブルトンネは、タイム三〇分を記録してくれる。

裁断機で締めつけプレート（ジャコと一緒）、立って、片足をペダルにのせて、プレスを操作する（これまでにも、四〇キロの太い棒をルイゼットと一緒にプレスにかけたことがある）。注文番号c・四二一三二二号、b・一番。〇・四三パーセント、記録三五〇個（翌日、もう少したくさんあることを知った。わたしが数えずにいたため）。一フラン五〇。

タイム三五分。一一時四五分終了。今朝のかせぎ高、六フランプラス三フラン五〇プラス〇・九〇プラス一フラン五〇で、一一フラン九〇、四時間四五分、すなわち、正確には一時間あたり二フラン五〇。

午後、ミミの妹と一緒に、時間ぎめで、型板を切り、ハンドルを回した。以前に何度もあったような機械の急激な運動もなく、たいへん快適である。タイム一時間一五分。

二時半に、ジャコが導線端子の部門に配置した（倉庫係の言うところでは、電動モーターの部品ということである）。c・四二一三三七号、b・一番──〇・六一六パーセント、出来高払いの仕事。

むつかしいのは、二番目の角が直角になるように、部品を止め金具の上へ置くことである。正しく金具の上へ置かれていないと、かならずオシャカの部品が出る。

ジャコは、このことをわたしに親切に説明する。わたしは自信をもって仕事に当った。いくつもの部品が無事に仕上って行った。一つ、大きすぎる部品があって母型のくぼみの中へ入らないのがあり、抑えられていなかったので、ずるずると後退してしまった。ちょうどわたしのすぐ後にいたシャテルが、止め金具への置きかたをもっと上手にやれと、さほど荒っぽい調子でなく言った。さらに、いくつかうまく出来上ったものもあるが、失敗したものもある。中に大きすぎる部品があるばかりでなく、狭すぎるのもあり、使い古されてまるくなった止め金具からすべり落ちてしまう。わたしがジャコにそれを見せると、大きいのは脇へ除けておけと言う。その次また、かれを呼ぶと、かれはシャテルに耳打ちして、わたしには、続けろ、うまく行かないならシャテルに言えと言う。わたしはさらにやって見る。それから、手にオシャカの部品を一つ持って、シャテルのところへ行く。かれは、この部品は死んだも同然だと言う。部品は止め金具の上へ置いておくべきだ。わたしは説明しようとする。かれは、仕事の手をとめずに、言う。もう行きな、そういうことばかりしないように注意しろと。わたしは、すぐに倉庫係を呼ぶ。倉庫係は、どうやらうまく行ってないようだな、もちろん、このわしなら全部うまく仕上げて見せるがなと言う。かれは、指で部品の位置を定め、機械が落ちてくるとき、それを抑えるようにして、やって見る……けれども、相当な数のオシャカを出す。かれは、ながい間かかってしらべていたが、工具係の男を呼んでくる。その男は、止め金具が擦《す》りへっていると言う（わたしにもそんなことは、はじめからわかっていた）。かれは母型をはずし、止め金具にやすりをかけ、機械を修理する。わたしは指を使って、つづいてやって見る（危険なことだが）。少しはましだが、まだ十分ではない。もう一度、先の男をさがしに行く。かれはムーケと一緒だったが、ムーケが見に来て、母型を少し拡げて大きくし、工具をもう少し下におろすようにと命令する。わたしの手がその下に入りこむ危険を避けるためである。こうして、四時半までやった……。一〇〇個と少し仕上げたが、四〇個ほどオシャカがでた。

この四日間の分として、六六フラン五五（社会保険控除四フラン）の払いを受ける。しかし、あとの二日間は、削減率によって支払われた。わたしの場合、一日一四フラン四〇である（一時間一フラン八〇）。最初の二日間の分として、一二フラン九五のボーナスを受けとる。

二八フラン八〇プラス一二フラン九五で、四一フラン七五。やつらは、どこで取り上げたのだろう。仕事待ちの分（一時間半、つまり三フラン二五だろう）があり、それから何があったか……

三月一日、金曜——導線端子を作る。一〇時半に終了。全部で、二一三一個、つまり、今朝の三時間半で二〇三〇個仕上げたわけだ（すなわち、〇・六一六パーセントの割で、一時間五八〇個）。全部で一三フランかせいだ。前の日、二時間フイにしたことをシャテルに説明する。かれは、「二時間も……」とつぶやき、注文伝票に、「時間のロス……」と記す。だが、何時間かは記さない。タイム二時間と三時間半。

一一時四五分まで仕事待ち。

休憩中、デュボワとユウジェニイと赤毛女が口論。

ふたたび工場へ戻って、小さなかまどで、焼き直し。うまく行く。つまり、部品の取り除きにあたっても、冷静さを失わずにいられたということだ。始めから終りまでかまどの前にいなければならないので、つらい（大きいかまど程ではなくとも）。二時に仕事を止めるように言われる。そのわけは……部品が冷間圧延されるはずのものだったからだ。わたしは注文伝票の上にだけ、タイムを記録している。タイム四五分。

たっぷり二〇分間、ロベールを待った。もう一人の女工もまた……

倉庫係にすすめられて、五時一五分まで残業する許可を求めにドルーシュのところへ行く。許可が出る。その夕方、工具係のところへ行く。職工長はわたしを見もしない。

裁断機で、「握り」作り。c・九一八四五二号、b・三一番。ロベールと一緒。〇・六一六パーセントの割で、三〇〇個仕上げねばならない、すなわち全部で一フラン八五。わたしは値段のことも、命じられたスピードのことも考えない。すべてを悠々と自分のペースでやる。ただ、部品を止め金具のまるく減った端にのせるときだけはつねに十分に念を入れて。金属棒の中にはねじれたのがあり、止め金具で抑えるのが困難なものがある。長すぎるのも多い。三時二五分終了（ともかく、はじめるのが遅かった）。タイム一時間。

導線端子。同じ仕事。あいかわらず〇・六一六パーセント、——最後の作業。V字形に部品を切る。ボタン付きはさみ機で。部品を機械につけるのがやさしいかわり、今度は機械からはずすのがむつかしいので、どうかすると遅れがちになる。

部品は、機械でV字形に切られているとき、かるく曲がる。わたしは、ジャコにそれを見せる（ジャコはそれでも、部品なんて見つめていなくていいのだと前に言ったことがある）。ジャコは、シャテルに見せる。ふたりとも、まじめくさって議論する。それから、シャテルは、平たくしようと言い（でも、どうしてするつもりだ）、そのままつづけて、わたしにやらせる。わたしは、悠々と自分のペースで、むしろゆっくりすぎるぐらいにつづける。やっと二八一個出来ただけ。残り一八五〇個を、ながくても三時間一五分でやらなければならない。つまり、時間のロスを勘定に入れ、一時間六〇〇個のスピードでやらなければならない。どうしてもそうしなければならないのだ。

金曜日に、導線端子のために、タイム一時間の記録であったとすれば、わたしは三〇分もロスしたことになる。しかし、注文伝票を完了しないままにすごすよりも、できることなら、一時間をロスする方がよい。一五分間のロス（もし、機械の掃除を一五分と計算するならば）。

いや、そうではない。実際は〇・七二（ボタン付き機械）、五時間一五フラン三〇の割。四時間分が残っている、すなわち、一時間当り四六〇個分をとり返さなくてはならない。一時間かかって四二五個を仕上げねばならなかったところだろう。もし月曜日に、一時間当り四二五個しかできなければ、注文伝票は未完了にならなくても、まだ金曜日の二〇分はロスのままである。

いや、そうではない。その上に、機械の掃除にあてられた一五分がある。だから、金曜日は四五分しか計算に入れられない。とり返さねばならないのは五分間だけで、それ位なら無視してもいい。だから、わたしにはまだ四時間一五分ある。一一時一五分には終れるはずだ。

心配していたよりも、ずっと疲れも少ない。機械のそばにいながら、幸福な気持を感じるときもある位だ。こういう気持は、モンタナにいたときにも覚えなかったものだ（効果が遅れてあらわれてきたのか）。しかし、食物の問題は、やはり苦しみのたねである。

第一四週

四日、月曜——月曜日、起きるときに、ひどい頭痛。その上不運なことに、一日中、わたしのそばを、ものすごい音を立てて回転する機械が行ったり来たりしていた。お昼にも、ほとんどものが食べられない。しかし、それでもスピードは落とさなかった。薬は何ものまない。
導線端子——、やっと一一時四五分に終了。ただし、わたしのせいではない。まさしく半時間以上（いや、もっと多くだった）が、午前中、機械のために失われてしまったのだ。ボタン付き機械のときは、いつもうまく行った例がないと、ジャコはこぼす。わたしは、危険の度は増すかもしれないが、ペダルをつけてくれるようにかれに頼みこむ。それでもうまく行かない。わたしはまた、かれを呼んだ。ムーケの命令で、かれはボタンの位置をかえる。やっぱりうまく行かない。愛すべきジャコはいらいらしてくる……。一一時一〇分に、機械を分解しはじめる——バネの故障。しかし、機械をふたたび組立てても、一向にうまく行かない。かれはすっかりいら立ってしまう……。班長は、わたしが自分の注文伝票を渡しに行ったとき（わたしは部品全部の完成をあきらめた。とにかく、出来上った分だけでも、予想より多いのだから）、ジャコに対していやみたっぷりのことを言う。

午後、三〇分休憩。そのあと、エアギャップ板の注文二つ、それぞれ五二〇個ずつ、〇・七一パーセントで（c・四二一二七五号、b・四番）最初、時間をむだにする。つまり、部品を引き出し、部品を数え、——またそれを置いたりした時間である。こんなことのために余計な用心をしてしまった——ペダル、調子がよくない（奥のペダルではない。ペダルが堅くて動かないのだ）。最初の注文は、三時一五分に終了。二番目の注文を三時二五分に開始（ジャコが機械の整備をしてくれていたのに気がつかず、ぼんやり待っていたので、五分間損失する）、ものすごい勢いで、自分の最大限を出して仕上げ、ちょうど四時半に終了する。これで、わたしは一時間につき三フラン六〇の分を仕上げたことになる。各注文につきタイム一時間二〇分。四時間三〇分プラス三〇分プラス二時間四〇分で、七フラン四〇。金曜と月曜とでかせいだ分、一二フラン三〇プラス一フラン三五プラス一フラン八五プラス一四フラン四〇プラス〇・九〇プラス七フラン八〇で、三九《〔ママ〕》フラン六〇それにプラス月曜の分として、二一フラン二〇。金曜には一時間、月曜には四時間半かかった。

金曜日、ビオルの重い機械が整備中（未調整）であるのを見ていた。倉庫係が言った。こいつを引き受けたらだめだぞ。かたくて動かないからな。わたしにはそうは思えなかった。月曜日、ユウジェニイが終日、その機械を動かしているのを見た。わたしははげしい良心の苛責《かしゃく》に苦しめられた。もし、わたしがその機械を引き受けるように手筈《てはず》をととのえる気があったら、きっとそれができたはずだ。どんなにつらいかはよく知っている。耳炎になったとき、最後の日の午後に自分でもやったことがある。あるいは、これとよく似た機械だったかもしれない。四時半に、彼女は目に見えてぐったりと疲れた様子だった。

ジャコと機械

倉庫係、製図工、「万能機械」

施設係とその職工長。

機械のことで、一体何事が起こったのか（もっと注意して見ておかなかったのは、ばかなことだった）。——わたしがボタンを強く押している時、工具が二度も上から落ちてくることがあった。班長はそれを見て、言った。「そんなことを起こしちゃならねえ」（それが全部だった）。後になって、同じ事がまた起こったが、二度目は、工具は元の位置に残っていた。ジャコが、それを起こし、わたしは作業をつづけた……またもや、その事が起こるまで。かれは、とうとうわたしに作業

を中止させた。通りかかったイリオンが、大きい輪の『指』（バネ）がこわれていると言った。その通りだった。しかし、まだほかにも原因がありそうだった。愛すべきジャコにとって、機械はまるで、得体のしれないけだものであるように思える。

火曜、朝——月曜の夕方と同じような注文三つ。

㈠ 〇・五六パーセントで六〇〇個、機械からの取り外しがむつかしい小部品、タイム一時間三〇分。

㈡ 〇・七一パーセントで五五〇個、タイム一時間二〇分。

㈢ 〇・七一パーセントで五五〇個、タイム一時間二〇分。

とにかく非常に疲れる。ペダルがとてもかたくて動かないからだ（腹が痛む）。ジャコは、あいかわらず愛想がいい。

そのあと、ビオルとぶつかる（重い部品がなつかしい。いろいろ残念に思うことが多い）。ビオルは、わたしを「ピアノ」*の前につかせ、二時四五分から三時四五分までの休憩のあいだを除いて、午後もずっとその機械のそばですごす。〇・五〇パーセントの払いのある注文二つ、一方は六三〇個、もう一つの方は三一五個。

＊訳注　足踏みをして手を動かす機械の俗称。

タイムの記録二時間、そして三時間一五分。

合計一時間一五分、一時間二〇分、一時間二〇分、二時間四五分で、あわせて六時間四〇分。わたしには一時間二〇分の休憩がなくてはならないはずだが、一時間しか休憩できないようだ。そうすると二〇分間の損失になる。

四時半、たいへん疲れたので、そそくさと急いで工場を出る。夜、ひどい頭痛。

「ピアノ」では、初めのうち、うまく目標に当てられないのではないかと心配で、たいへんな苦労だった。午後の終りになると、わずかだが、うまく行くようになった。しかし、指の端が血だらけになった。

水曜、朝――またも、ピアノ（六三〇個）。それでも指が痛むのを別にすれば、だいぶうまく行くようになった。――だが、一時間半以上もかかった。タイム一時間二〇分。ロベールは、そのすぐあとに五〇個の注文をやらせた（c・四二一四六号、二一七番）（払いはいくらだったか）。親切なことに、かれは自分でやった同じく別な五〇個の品物の注文伝票をわたしに渡してくれた。急ぎの仕事だったので、ぐずぐずしている暇がなかったのだ。困難だった点は、部品の中で止め金具にはまらないものがいくつかあったこと。かれは、それらの部品は別に取りのけておくように言い、自分でそれを仕上げた。ずっしりとくる疲労と、頭痛のために仕事がおくれ、二つの注文のあいだにあった三〇分間の余裕もそのためにつぶしてしまう。そのあとで、また「ピアノ」。同じ六三〇個を別なやり方でつくり直す。スピードを上げようとして、オシャカを出しそうになる。けれども、今ではもう、オシャカを出してはという心配でビクビクしていることもなくなった（もっとも、ビオルが言ったように、たった一つでも仕損じしてはならないのだけれども。勘定が合わなくなるかもしれないし、キチキチになってしまうかもしれないからだ）。つくり直しながら、もう一度かぞえ直してみる。はじめ六一〇個あると思った。ところが、数個足らずではあるが、六二〇個あるのがわかった。先にこれを作った女工は、六三〇個あったと述べた。二度目に、わたしはいいかげんにけりをつけるため、勘定が合っていると言った。〇・五〇パーセントという率だのに、どうして勘定をぴっちり合わしたりなんぞしなくてはならないのだろう。タイム一時間二〇分。そのあとで、ロベールがふたたび、わたしを連れにくる。注文二つ、タイムはそれぞれ二五ずつ（何ということだ）。

全部（製品の完成までも含めて）の終ったのは一一時一五分だ。わたしは、一一時五分に終ったと班長に告げ、班長は一一時に休憩の伝票を切ってくれた。おかげで、今朝は遅れをとらなかったことになる。班長は、わたしの伝票の全部に同時にタイムの記入をしたことをなじった。

午後、二時まで仕事待ち。それから、継ぎ手。一・四五パーセントで二〇〇個だ。一時間以下で仕上げねばならないわけだ。ところで、品物は重く、ケースから取り出してこなければならない。一個について、四回ずつペダルをふんで、二つの操作を加えねばならない。

最初、次（図1）のように置く。

図1

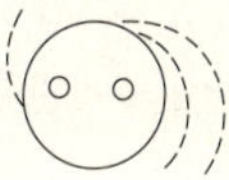

図2

次いで、部品を回転する。第二の操作では図2のようになる。

そして、さらに回転する。要するに、第一作業で、各部品につきペダルを二回ずつふみ、全部を仕上げてしまうわけだ。そして第二の作業でも同じようにする、――だから、八〇〇回ペダルをふまねばならないことになる。ところで、部品はそうやすやすとはめこめないのだ。ねじ穴を通さねばならないなどということもある。やっと第一の作業が終ったときはじめて、わたしに注文伝票が与えられた。自分にできるスピードを出し切ってはいないのではないかという感じにしばしばおそわれた。それでいて、くたくたに疲れてしまう。夕方、わたしははじめて、モンタナへ出かける前と同じように、うそいつわりなく疲労にうちひしがれたように思った。またもや、牛馬のような状態に転落しはじめているのだという感じ。しかしまだ、救いはある、倉庫係と話したり、工具係のところへ出かけたりすることができる。

木曜——同じ部品の仕事を八時までつづける。タイム三時間半、実際どおり（注文番号をノートしておくのを忘れた）。その後、c・四二一三六〇号、b・二三〇番。一フラン二八パーセントの率で、プレートの締めつけ。九時四五分終了。タイム一時間一〇分（中間に三〇分の休憩があったのだろうか。今ではおぼえていない）。手動の小さいプレスでジャコと仕事をする。ジャコはあいかわらず、愛想のいい笑顔をうかべている。

そのあと、一一時まで仕事待ち。休憩のとき、疲れがどっとのしかかるような感じがし、不快な気持で、やがて仕事の与えられるのを待つ。女工たちは一〇〇個の注文がたくさん来て、休憩の順番もどうかするとフイにしがちになるので怒っている（とくにミミの妹）。ジャコが五〇〇〇個の注文をもって、やって来た。わたしがやる番だ。仕事は、ペダルをたえずふみつづけて、金属のベルトから座金を切りとる作業である。払いは〇・二二四パーセント（大よそ）。わたしはできることなら注文伝票を未完了に終らせることはしたくない。仕事にかかったが、別にどういう下心もなかった。ジャコが一つ注意をした。機械がこわれてはいけないから、あまり詰めこまないようにという注意である。疲れとはやくやりたいという気持とで、わたしは少しいらいらしていた。最初、バンドの置きかたに十分な距離がなかったので、もう一度あらためてはじめからペダルをふみ直さねばならなかった。一個オシャカを出した（五〇〇〇個の中でオシャカ一個ぐらい大したことはないのだが、バンド一枚一枚でこんなことをしていたら、たいへんなことになる)。何度もそんなことが起こった。とうとう、いらいらした挙句わたしは、バンドをずっと離れた所へ置きかえてしまった。すると、バンドは止め金具の上をすべって、座金のかわりに円錐形のものが落ちて来た。さっそくジャコを呼ばねばならないところだったのに、わたしはバンドをひっくり返し、自分がどんなあやまちをおかしたのかにも気づかず、またもや止め金具の上へすべらせてしまった(少なくとも、そんなふうに見えた)。そしてまた、円錐形のものが落ちてきたかと思うと、すぐつづいて、機械の「部品送り筒」が落ちてきた。機械はこわれてしまった。愛すべきこの小柄なジャコからずけずけと荒い口調で言われるのが、わたしには一ばんこたえた。いそぎの注文であった。機械の組立ては、なかなか困難なようであったが、もう一度やり直さなければならなかった。これまでにも(そしてまた、今日も)これと同じような出来事がたびたび起こっていたので、みんないらいらしていた。班長は、介添えをすべき立場にある者として、当然のことながら、わたしを怒鳴りつけたが、いわば、それは全体を叱りつけるような叱りかただった。「……こういう女工を与えられると、ろくなことがない」。ミミは、わたしがしおれているのを見て、やさしく力づけてくれた。一一時四五分だった。

午後、(ひどい頭痛)。三時半まで仕事待ち。五〇〇個、やはりバンドから円金を切りとる作業(なんとまあ運のわるいこと)、しかし、手動の小さいプレスを使う。また、失敗をやらかすのではないかという心配で、わたしはおそろしいほど神経をいらだたせていた。案の定、ペダルの最初の一踏みで、バンドを止め金具よりも少し上の方にすべらせてしまう。けれども、何ごとも起こらずにすむ。毎回、毎回、ぶるぶるふるえながらやった……。ジャコはまた、いつもの微笑をとりもどしていた（わたしは、機械が気まぐれを起こして、ペダルを踏んでも、動き出さなかったり、そうかと思えば何度かつづいて快調に動いたりするので、そのたびにジャコに助けを求めねばならなかった）。しかし、もうわたしには、ジャコの微笑にこたえようという気持はない。

ジョゼフィーヌ（赤毛の女）とシャテルのあいだのいざこざ。どうやら、ジョゼフィーヌは、数のうちにも入らないようなやくざな仕事をあてがわれていたらしい（わたしのすぐ横のプレスについていた。押しボタンつきのプレスで、班長の机のまん前にあった）。彼女は不平たらたらだった。シャテルは、くさった魚とでも言わんばかりに、実に口ぎたなく彼女をどなりつけたらしい（もっとも、その言葉はよく聞きとれなかったが）。彼女は口ごたえせず、くちびるをかんで、はずかしめをぐっと呑みこみ、泣き出したい気持をこらえているのがはっきりわかった。たぶん、それ以上に、はげしく反論したい気持をもじっとこらえていたのにちがいない。三、四人の女工がその場に居合わせたが、口をつぐんで、笑いがこみ上げてくるのをやっとなかば押しころしているようだった（ユウジェニイもその中にいた）。つまり、ジョゼフィーヌがこのやくざな仕事を引き受けていなかったとしたら、彼女たちの中のだれかがやらなくてはならないのだ。だから、みなはジョゼフィーヌがどなりつけられているのをいい気になって見ているのだった。また、そのことをあとで休憩のとき、公然と言うのだった——ただし、もちろん彼女のいる前ではない。反対に、ジョゼフィーヌの方もこのやくざな仕事がほかのだれかにあてがわれることになったとしても、別になんの不つごうも見出さなかったであろう。

休憩時の会話（その全部をノートしておくべきであった）。郊外の家について（ミミの妹とジョゼフィーヌ）。ネネットが居合わせるときにはたいていの場合、一個連隊の兵隊たちの顔を赤らめさせるに足るほどの、たわけた話や内緒話ばかりが交わされる（たとえば、この女の「いい人」は画家だそうで「ただし、彼女は一人ぐらしのはずである」、一日に三度朝、昼、晩と、その彼氏と寝るのが彼女の自慢の種である。そして、彼女は、この男の「テクニック」とほかの男のそれとのちがいをとくとくと説いて聞かせる。——彼女は、男から金銭的に援助を受けているので、「何ひとつ不自由しない」。わたしが理解したかぎりでは、彼女は恋の火遊びをしていないときは、料理をつくったり、食べたりするのにすごしているらしい）。

けれど、ネネットには、それだけではないもっとちがった面もある。——たとえば、自分の子供たちのことや（一三歳の男の子と六歳の女の子がある）——どんな勉強をしているかということや——息子が読書好きだということなんかを話すときである（彼女は、いかにもったいぶって、そういう話をした）。今週は彼女は始終休んでばかりいたが、終り頃いつになく真剣な様子だった。きっと、子供たちの下宿代を払うのにどうしようかと思いなやんでいたのにちがいない。*

＊原注　わたしは、ルノー工場**にいたとき、地下鉄で彼女に出あった。一週間前病気にかかって、その届けをしなかったので、もうアルストム***へはもどれないと話していた、――（彼女にはそんなことは、たやすいことだったのだろう。しかし……）おそらく、無鉄砲なふるまいにはちがいない……。わたしがルノーにいると言うと、いかにも痛ましいといった同情の様子を見せた。

＊＊訳注　ルノー工場は、フランスの実業家ルイ・ルノー（一八七七―一九四四）が一八九八年ビヤンクールの小工場で、最初の自動車を製作したときに発足した。とくに小型自動車の製造で著名となり、第二次大戦後（一九四五年）国営に移され、自動車ばかりでなく、鉄道・船舶関係の部品をも製作するようになった。

＊＊＊訳注　アルストム（アルストム電気機械製作株式会社）。一九二八年、アルザス機械製作会社と、フランス、トムスン・ハウストン商会の協同出資によって設立され、電気機器の製作については強力な企業の一つであり、パリをはじめ各地に工場をもつ。シモーヌ・ヴェイユは、パリのルクールブ街にあったその工場に入社したのである。

マダム・フォレスチエに関する出来事。つまり、彼女に対するカンパの件である。ユウジェニイは、自分は何一つ出さないと宣言した。ジョゼフィーヌも同じことを言い（しかし、この女は何も出さない場合が多いようだ）、マダム・フォレスチエは、（わたしが工場へもどったその日に）カンパの件でみんなにあいさつをするため工場へやって来たと付言した。ネネットやイタリア女も、むかしマダム・フォレスチエとはたいへんな仲よしだったくせに、何ひとつ出そうとしない。マダム・フォレスチエは、どうやら彼女たちばかりでなく、もっとほかの多くの人たちにもあまりよいことはしてこなかったらしい。

イタリア女は今病気だ。わたしがもどってから二週間目、彼女は「馘《くび》を切ってほしい」と申し出て、ムーケから拒絶されたことがある。というのは、要員がそのとき二人しかいなかったためであり、結局休暇がとれただけであった。彼女には、子供が二人ある。夫は煉瓦製造工（普通工）で一時間二フラン七五しかかせがない。だから、彼女はろくに養生ができない。彼女は肝臓がわるく、頭痛もあって、工場の騒音にはとても耐えられないのだ（わたしには、それがよくわかる）。

金曜――仕事待ち。数週間前には、仕事待ちなんかの場合には、ひょっとすると自分はまたへんなことをしでかすのではないかと考えて心配でたまらなかったものだが、今ではもうそんなことはない。わたしにも、今までよりもいくらか自信ができてきた証拠だ。

イリオンがわたしを呼びつけ（何時だったかしら）、計器用の蓋《ふた》の切り込みをやらせる。片側だけである。うっかりしてまちがいをしでかすのではないかと心配でたまらない。一フラン三五の割で、一四九個の蓋（一五〇個の注文伝票）。オシャカをつくってはという心配のあまり、わたしは少しもいそいでやろうとはしなかった。いったい、一つでも「死んだ」部品が出たら、この場合たいへんな問題になるからである。警報が鳴る。機械が貫入しなくなり、ノッチがはなれないのだ。機械の調整のために、ずいぶん時間がつぶれた。旋盤の往復台は三台ある。わたしは一四七個あるのを認めた。班長はおどろいて、一五分もかかって数え直しをさせた（しかし、この一五分は伝票には記されず、休憩時間とみなされる）。注文番号四二一二一号、b・三番、九時終了。一〇時まで休憩。疲れて、不安で、わたしはこのまま一日中休んでいたいと思う。一〇時に呼ばれて、磁気回路の厚紙の取りのぞきをやらされる（第一週の終りにやったのと同じ仕事）。夕方までたっぷりかかるだけの量があるのを見てとる。すっかり気分がかるくなるのを覚える。前にこの仕事をやったとき、最後の日に見つけ出したやり方を用いる（木づちで何度も何度もかるくたたくのだ）。仕事ははかどり、かなりはやくできる（一時間あたり三〇個以上。ところで、初めの頃には、一五個しかやれなかった。ムーケはわたしの仕事は一時間一フラン八〇分の価値しかないとみなした。五時間かかって、やっと九フラン分の仕事しかやれなかったからだと言われたものだ）。へまをしでかすことはもうないという安心感からの、心のくつろぎ。しかしながら（昼には、食堂で食事もしたのだが）、午後がちょうど半分ばかりすんだ頃、非常な疲労感におそわれ、わたしに休暇が与えられるという知らせがほんとにうれしかった。

第一五週

休暇（三月八日から三月一八日まで）。——土曜と日曜、頭痛——水曜昼まで、ほとんどまったくの虚脱状態。午後、春らしいすばらしい好天なので、三時から七時までジベールの店へ行く。その翌日、マルチネの所へ行き、工業用製図教本を買う。午後、金曜日、虚脱状態。夜、ねむれない（頭痛）。昼までねむる。土曜、ギエヌフに会う（かれの事務所で）、二時から一〇時半まで。日曜、ぼんやりすごす。

第一六週

一八日、月曜——バンドから座金を切る、七時五〇分（頃）まで。（あの愛すべきジャコが、また職工になってしまったので）ふたたび帰り咲いたレオンと一緒だ。〇・三三六パーセント。三三六個。またも、ひどい恐怖心。二度も失敗をおかしてしまったが、さいわいなことに気づかれずにすむ。二度目の失敗のあとで、やっとわたしは自分でもそれがわかった始末だった。そこで、ペダルを一ふみ踏んでから、バンドをひっくり返してみた。すると、ペダルであけられた穴は、バンドの真中に位置していなかった。つまり、自分が後の方へかたむいていたためである。そのために数個のねじれた部品ができたのだ。わたしは、それらをかくしてしまった。機械はたぶんそのために、うまく動かないようになるかもしれない。たいへんゆっくりと仕事をする、スピードのことはまったく考えない。タイム四〇分。

その同じ座金を、小さなはずみプレスで平たく延ばす。この作業は、たまたまオシャカがひとつ出たのを、うまい具合にかくしおおせることができた。注文番号九〇七四〇五号、b・三四番、〇・二八パーセント。八時半終了。タイム三〇分（だから、全体で二〇分の損失）、〇フラン九五のかせぎというわけだ。わたしの削減率は……わたしは、ほとんどスピードを上げようとしなかった。

小さいはずみプレスで、分路《シャント》の圧平。c・四二〇五〇〇号。七九六個、二時一五分まで。タイム四時間一五分。賃一フラン一二の割。収入は八フラン九〇（まず一時間二フラン以上にはならない）。シャテルは、一部品ごとに四、五回、わたしに打たせる（一方の端を二回、もう一方の端を、二、三回）。わたしは、かれに注文伝票を渡しながら、こういう条件では、それをとてもりっぱに完了することはできないと言った。かれは、この上もなく横柄《おうへい》な口調で答えた、一フラン一二で未完了だってと。かれの無能ぶりは、よくわかっているのだから、こんなことでわたしはひるみはしなかった。かれが伝票の上に何か記したかどうかは知らない。きっと、何も記していないだろう。わたしはもっと打つのを少なくしてもよかったのだ……。わたしははやくやろうとばかりつとめた。しかし、どうかするとたえずぼんやり夢想にふけっているのを知ってはっとするのだった。スピードを調節するのはむつかしい。一々数えたりしていられないからだ。疲れる、とくに一一時四五分にそとに出たときは、ぐったりだった（「プリジュニク」*で食事、くつろぐ。工場へもどるまでの、しばらくの楽しい時間、技師たち、職工たち……。機械の前へもどると、また奴隷になったように思う）。

中へ入ると、同じような分路《シャント》が、一端を触手に、他の一端を金属のボビンに結びつけられて、何列もならんでいるのを見た。仕事待ち——数字の上では、二時から三時まで。ロベールと一緒に、すくい取り機でブシュの押し抜き。c・四〇六四二六号、五八〇個、〇・五〇パーセント、したがって二フラン九〇。タイム一時間一〇分、一時間あたり二フラン四五の速度。実際には、（二時から四時一〇分まで）すなわち一時間四〇分やった。しかし、最初の一〇〇個をつまみ上げようとし、結局全部をひろい集めねばならなくなって、時間をロスする。それに、ここでもまた、たえず同じ調子でつづけられるのはほんの時たまであって、どうかするとぼんやり夢想にふけってしまう。仕事の量をはっきりさせるため、数え上げてみる。五分間で四〇個ないし四五個を仕上げたあと、つづく五分間では二〇個しかできない。また、ずるずると夢想にふけってしまったからだ。

四時一五分から四時半まで、休憩。

合計、四〇分プラス三〇分プラス四時間一五分プラス一時間プラス一時間一〇分プラス一五分で、ちょうど八時間。

（五時半に）元気はつらつと帰宅。一晩中いろんな考えで、頭の中はいっぱいだった——しかし、わたしは苦しかった——とくに、はずみプレスでは、——モンタナから帰ってからの月曜日よりもずっと。

「プリジュニク」で食事したことが、夕方こんなふうに気持よくしていられるのに何程かあずかっているのだろうか。

＊訳注　均一価格の商品を売る大衆的なデパート。

火曜——八時一五分まで仕事待ち。
レオンと一緒に、夕方まで、接触子のリベット締め。四フラン、一二パーセントの割で、五〇〇個。c・四一四七五四号。b・一番。開閉器の部品。電車用の備品である。最初は、たいへんゆっくりやる。シャテルのおかげで恐怖心がおこり、何かへまをしでかさないかと心配である。オシャカの部品を出すということではない。それなら、はやくも最初の品はオシャカにしてしまった。四個の部品をよせ集めなければならないのだ。スイッチと薄板二枚、それに一〇枚の金属片からできあがった包みである（ただし、一部の包装物には九枚しかついていない）。台板の不規則な二つの穴に注意する必要があった——金属がまくれている面を上にして、小さい方の板を、剪断《せんだん》の方向に合わせて、置かねばならなかった。最初の七〇個を二時間でやったかと思う……それからあと、あいかわらずまた夢をみる。午後になってやっと、（昼食と散歩のおかげで元気がついて）たえず同じ調子でつづけられるようになった。けれども、作業の一覧表を始終自分にくりかえして言い聞かせていなければならない（鉄線——大きい穴——まくれ——方向——鉄線……）。それは、注意散漫になるのをさけるためというよりは、むしろ自分がものを考えようとするのをさまたげるためだ。スピードをあげるための要件だ。

ものを考えるのをやめなければならないということの屈辱感を、心の底から感じる。それでとうとう、わたしもいくらかはやく進められるようになった（最後には、一時間に三フラン以上はやった）、しかし、心にはにがいしこりが残った。

水曜——同じく、八時半まで。タイム七時間四五分、収入二〇フラン六〇（八時間一五分かかっている、すなわち、一時間あたり二フラン五〇）。

いつも「一連の同じ調子」がなかなかつかめない。本来なら八時には終るはずであった。同じ品の研摩。三時四五分まで。タイム五時間一五分、収入一三フラン五〇。c・四一四七五四号、b・四番、〇・〇二七パーセント。これは、かまどで働いた週にやった分と同じだ。ムーケは、やり方がまずいというので、わたしからその仕事をとり上げたのだった。つまり、わたしはその仕事をたいへん不幸な仕方で抜けたわけだ。そういうこともあるので、最初、わたしはおそるおそるだった。はじめのうちは、実にゆっくり、ゆっくりやった。カツーは、わたしをひとりで勝手にほったらかしにして行ってしまった。わたしは、部品を回転させる方向のことで、第一の発見をした。つまり、ベルトが部品を運んで行く方向に回転させて行かねばならないのだが、ベルトと反対の方向に、引張り気味でしなければならないのだ。こうしてはじめて、部品とベルトが接触を保ったままでいることができる（少なくとも、そうしている理由ができると思う）。第二の発見は（ずいぶん前に発見していたのだが、はじめてここで実際に応用してみた）、一つの手で、同時に一つの操作しかしてはならないということである。だから、わたしは左手でおさえて、右手で引張る。回転させるのは自分ではしないで、ベルトがその役を引き受ける。スピードは、初めのうち自分の好きなようにやっていたが、やがて、自分が極端におそいのに気がついて、「一連の同じ調子」が出るように努力してみたが、いやでいやでたまらないという気持はどうしようもなかった。だから、一つの技術を会得してうれしいという気持は、全然感じなかった。正午に、「プリジュニク」で大いそぎで昼食をし、飛行士たちのたむろしている所の向い側の、日あたりのいい場所へすわりに行った。そこでは、何ひとつせずのんびりとすごしたので、まだ半分夢でも見ているような状態で、これ以上のろのろと歩けないと思われるほどゆっくりと、一時一三分か一四分ごろに工場へ帰りついた……。工場の門が、まさに閉められようとしていた。

四時―四時半、リベット締め、明日の欄参照。

賃――一二五フラン（そのうち、四フランは先払い）。先の分は、七〇フラン。すなわち、三三時間プラス四八時間、八〇時間について一九二フラン……だから、一時間あたり正確に二フラン四〇である。

ポミエと話す、――かれは、どんな機械のことでもよく知っている。

夕方、頭痛、うんざりした気分で、心がたのしまない。少しばかりのパンと蜂蜜のほかは、なにも食べない。眠れるようにと思って、風呂に入ったが、頭痛のため、ほとんど一晩中目がさえてねむれなかった。朝の四時半に、眠りたいというつよい欲望がおこってきた。しかし、もう起きねばならなかった。半日休みをとればいいという誘惑をしりぞける。

木曜――一日中、アーマチュア〔基盤〕のリベット締め――四時半には（八時間四五分かかって）、七〇〇個を達成した――昼、外に出るとき、元気一ぱいだったのに、――食事後、ぐったりとした疲労感。夜、疲労がはげしく、食事もとれず、ベッドの上に横になったままでいる。次第に疲れもときほぐされてきて、――心地よいねむりに入る。
c・四二一一二一号、b・三番、――一個あたり〇・〇五六〔フラン〕の割――八〇〇個。タイム一四時間一五分。

一日中、掛け値なしに頭はからっぽ。リベット締めだから、さほど苦労はないにせよとにかく精神を集中して努力しなければならないので。しかし、今朝起きたときには、頭痛のためにもう少しでそのまま休んでしまうところだった。

苦しくはあるが、とにかく「わるくない仕事」なのだと思って、元気をつける。そしてまた、――何よりも、――スポーツをやるときのような気持で。実際、仕事は、えんえんとして続く。

工具係で（ムーケがやってきた……）。

イタリア女とムーケ。

「一時間……四スーじゃ、不満だというのかね。この不況の時に」。

イリオンの考察。

「ボスはますます、金持になるんだろうよ……だんだん、そのスピードがはやくなってきている。だもんで、仕事がないんだよ……」。そこへ、ひとりの「J・P」が通りすぎたので……「それにこういうことは、だれにも知れわたっていることなんだ」――

金曜――リベット締め終了。つまり、リベットが足りないのだ（本当を言うと、機械のみぞの中には、まだリベットが残っていた）。八時一五分から八時四五分まで、〇・五四パーセントで五〇個分の継ぎ足し。注文番号はいくらだったか（確か、四一三九一〇号だ)、タイム一五分。型板から座金、時間の測定はされない、仕事の注文伝票番号一七四七号、注文一四一五号、タイム二時間(二時間一五分かかった)——継ぎ手。c・四一二一〇五号、b・一番、〇・七二パーセント(押しボタン)、四〇〇個。タイム三時間半(わたしは、工場を退くとき、まだ終了していなかったのだが、シャテルが終了してくれた)。一時間のロス。前日、わたしは(遅れをとりもどして)三時間をかせいだ。残りは二時間。

イリオンが機械をこわした(組立てのとき、何かを損じたらしい)。

倉庫係、「調整工はブレーキの使いかたを知らないんだ」。「やつらはボタンのつけかたを知らない。いつも短すぎるから、ちょう形弁が……」。

第一七週

月曜——八時までに、磁気回路終了、注文二〇一五四号——約二五個だけしか残っていない。わたしは、らくらくと仕事をし、いそぎもせず、だからといって、ゆっくりもしない。タイム一時間。全部で、六時間ある(注文伝票は、渡されていなかった)。

「継ぎ足し」(四面の箱に形を与える)。まったくの捨値だ(〇・九一三パーセント)、五〇個。c・四一三九一〇号、b・一番。タイムは三〇分。九時四五分終了。同時に二つのものをしないこととミミが言う。どの部品にも油を注ぐこと、――それじゃあ。

一〇時四五分まで、リベットを打っているユウジェニイのそばで、レオンと一緒に、金属片。c・四二五五三七号、b・二番――六個入り二〇〇包み――二フラン八〇の割。いそいでやる（モンタナから帰ったあとの水曜日、わたしは、一〇〇包みに二時間をかけた）。そこで、収入五フラン六〇。タイム一時間五〇分（完了した）。ここで、わたしは、「一連の同じ調子」をほとんど実現した。

いつか水曜日に、ルイゼットと一緒にやったプレスで、金属棒から部品の細断。止め金具の上へ正しく置き、正しく平行に保っておく……はやく進めない。一時五〇分までかかる。おそらく、うっかりまちがって、タイムを多く記録してしまう、一時間四〇分。c・四〇〇九一九四号、b・九七番。〇・八八パーセントで三四六個だ（わたしは三六〇個はしたと思うのだが、金曜日にカツーが知らせてくれたところでは、三三〇個しかなかったということだ）。疲れのためと、安い賃金にがっかりしたためと、部品を落として行くのがむつかしいことに口実をもとめて、スピードを出そうとは少しも思わずに仕事をする。

一時四五分から三時半まで（したがって一時間四五分）屑物処理。

同じ伝票で、同じ部品を三角形にする仕事。たまらなく嫌気がさし、仕事は遅々として進まない。

四時半に終了、――タイムは全体で三時間一五分。

2 週間分

〔時給仕事 20154 号−1h（全部で 6h）〕

	〔完了した伝票〕			〔未完了の伝票〕		
屑物処理	番　号	賃	タイム	（注文）番　号	賃	タイム
1h.	421,121（外枠 R）	44fr. 80	14h. 15m.	907,405（座金 L）	1fr. 12	40m.
15m.	24,280（支持台 R）	20fr.	6h. 15m.	同　上（板金 L）	0fr. 95	30m.
1h. 15m.	？（座金 I）	7fr. 50	2h. 30m.	420,500（板・シャント L）	8fr. 90	4h. 15m.
1h. 45m.						
15m.	408,294（かまど L）	4fr. 20	50m.	406,426（ソケット R）	2fr. 90	1h. 10m.
		76fr. 50	22h. 110m.	414,754（触手 L）	20fr. 60	7h. 45m.
30m.				同　上（研摩 Q）	13fr. 50	5h. 15m.
30m.				413,910（継ぎ手 I）	0fr. 27	15m.
45m.			23h. 50m.	412,105（継ぎ手 I）	2fr. 88	3h. 30m.
1h.	忘れた			413,910（継ぎ手 I） *****	0fr. 46	30m.
1h. 15m.						
2h. 30m.	425,537	5fr. 60	1h. 50m.			
				4,009,194（きりもみ L）	2fr. 90	3h. 15m.

240m.　　　　82fr. 10　25h. 40m.

7h.（60×4）

7h.+4h.=11h.

どの注文伝票が未完了のままではいけなかったのか。圧平の伝票（しかし……）――ソケット，触手（もし，すぐに適当な手段をとっていたとしたら……），研摩，もし2度目にすぎないのでなければ，ピアノ――（ここでは，頭痛に責任がある）。△部品（解職の通告のため，意気をうしなう）。

12h.

今後は，安全に，できるだけはやいスピードを得るため，まず，その方法を求めること。その次に，一連の同じ速度を目ざすこと。

20m. 不足

回路の 3fr.（？）と継ぎ手の 5fr. それに，たぶん，ほかのどこかで 1fr. 50，つまり 10fr. をつけ加えると，65h. に対して 167fr. を得ることになる。すなわち 1 時間あたり約 2fr. 55.

421,227（球 L）	15fr. 12	6h. 15m.
15,682（ピアノ B）	0fr. 89	25m.
同上 B	2fr. 30	1h. 15m.
428,195（手動機械 L）	2fr. 80（？）	2h.
23,173―I	2fr. 14	2h.（？）
421,342―R	2fr. 83	1h.
	80fr. 55	300m.
		35h.　5h.
		40h.
つけ加え		
1,415	？	2h.
	(b. tr. 1,747)	

80fr. 50
82fr. 10
―――
162fr. 60（65h. 45m. の労働に対し）

157	64	
290	2.45	
340	163	66

この 65h. 分の 170fr. それに、11h. の屑物処理と、2h. の型板の分 32fr. 50、5h. の遅れた回路の分 15fr. を得るとしたら、全部で 217fr. 50 になる。そこから、社会保険が控除される。

167fr. に、薄板の分 173fr. を加えること。全部で、たぶん 223fr. になる。そのうち、209fr. がこの 2 週間の分になるはずである。

全体として、わたしは、給料の枠内ではあまり目だった進歩はしなかったことになる。

20	310	2.4766
	460	
	440	
	24	

火曜——一五分間屑物処理。

屑物処理場での会話。スゥシアルは下品な男だ。いつか、ジョゼフィーヌが……*しに来るように頼みこみ、ムーケもそう命じたので、どうしても承知しなければならない羽目になったことがあった。この男（ムーケ）は、公平ではあるが気まぐれだ。未完了伝票を、仕事のむつかしさによって、あるいは……に、あるいは……にあんばいする。

*原注　原文判読不可能の語。

部品を止め金具の上へ置くのがなかなか微妙だ。ほとんど凸凹のない母型（「バイメタル」）、レオンと一緒に。c・四二一二二七号、二一〇〇個、押しボタンつき、つまり〇・七二パーセントになる。タイム六時間一五分。わたしが二度目に導線端子をつくったのと同じ機械であり、ジャコが修理できなかったあの機械である。

三〇分間、屑物処理（この二日で、四〇分のロス）。

ポメラ（ジャコと導線端子の機械）。調整工と機械。

水曜――三〇分間、屑物処理。
七時半から八時一五分まで「ピアノ」。c・一五六八二号、b・一一番、次いで、c・一五六八二号、b・八番、どちらも〇・四九五パーセント。第一の注文は一八〇個、第二は四六〇個。タイムは二五分と一時間一五分。悲しくなってくるようなのろさ。画家の愛人があるという女工がやって来て……*

＊原注　原文でも文章は未完のまま。

リベット締め、「下部支持台全体」。c・二四二八〇号、b・四五号、〇フラン一〇の割で（むかしは、〇・〇二八であった）、二〇〇個（スゥシアルの注文なので仮りの代価である）。九時四五分から木曜午前まで。タイム全体で六時間一五分。

午前中なお七五個、つまり七フラン五〇分をつくる。

この日、非常にはげしい頭痛。このことさえなかったら、もっとはやくできたのだが。

前の晩はよくねられたのだが、二時に目がさめる。朝、このまま家にとどまっていたいという気持を感じる。工場では、からだを動かすたびに、痛みを覚える。ルイゼットが自分の機械の所から、わたしのうまく行かない様子を見ている。

きりもみの女工の一人の、九つになる男の子が着がえ部屋にいる。この子も働きに出てきたのか。「働けるぐらい大きくなってくれていたらいいんだがね」とその母親は言う。彼女の話では、夫が病院から送り返されてきたところなのだそうだ。病院へ入っていても、ほとんどもうなんのほどこすべもないそうだ（肋膜炎《ろくまくえん》と重い心臓病だという）。それにまだ、一〇カ月の娘がいる……

木曜――四五分間、屑物処理。

c・四二八一九五号、b・一番、タイム二時間。c・一二三二七三号、b・二一番、一フラン〇〇八の割で（全部勘定に入れて）一九八個、（タイムは二時間だったと思う）。座金、七フラン五〇で一〇〇〇〇個、その日のタイム一時間半、ロス一時間四五分。

手動機械。レバーが二ついていて、一方の安全レバーのために、もう一方のレバーを下にさげるのがじゃまになる。こんなものがいったい何の役に立つのか、わたしには理解できなかった。倉庫係がそれを説明してくれる（たとえば、デカルトとタンタロス）。

金曜――いそいで座金を完了。それらを厳密にしらべてみて、たくさんなオシャカがあるのに気づく。わたしは、できるだけ「外へつまみ出す」ようにしたが、心配でたまらなかった。「つまみ出した」分を別にして、すでに不足していたのだが、それでも一〇〇個をかぞえた。タイム二時間半、それで注文伝票を未完了にせずにすますことができた。

八時―九時、屑物処理。

九時―一〇時半、簡単な部品の製作。c・四二一三二四号、五〇〇個の注文伝票。しかし四六四個しかない。ロベールがわたしの手から伝票を受けとる。賃〇・六一パーセント。タイム一時間（注文伝票未完了）、わたしは、ロベールが機械にむかって悪戦苦闘しているのを見て、三〇分以上むだについやしたと思っていた。弁はもう離れないようになっていた（あとで、ポメラがやって来た。部品が一つ、なくなっていたのだ。隅の方の部品である）。わたしがそこへ来たとき、かれはまだいた。わたしが来ても、仕事の手を休めなかった。そういうことが、何度もくりかえして起こった。女工は（その時かぎりの者だったが）、あまりたいしておもしろそうな様子はしていなかった（彼女はよく知らない。少し乱れた茶色の髪の毛の女で、感じのいい様子をしていた）。

一〇時半から四時半まで屑物処理（幸運だった。口には言えないけれど、のんびりと休息できた。午後からは、とうとうすわりこんでしまったほどだ）、――二時まで、レオンのかまどで、二〇〇個ばかり、焼き直しをしただけ――タイム五〇分、一個あたり〇・〇二一、したがって収入四フラン二〇（ところで、うまく焼き直しはできたか）。五〇分以上のタイムを記録することはとてもできない。時間をかぞえるひまもない。そうしてみると、ああやっと、一時間五フランにしかならない。わたしのために、注文伝票の程度を下げてもらうことになるのか。それよりも、わたしは、待って、少なくとも一時間のタイムになるようにした方がよかった。とにかく、全部で二五分のロス。

シャテルは愛想がいい、――わたしは完全に自由にしておいてもらえる、――わたしは死刑囚のように扱われている……。

ネネットが急にまじめになって、「お前さん、これから仕事をさがそうというのかい。かわいそうにね、シモーヌ」。彼女も来週は、ひまになるのだ。「そんなことはまあ、できっこないね」。わたしは、ルイゼットにこの点でわたしの考えていることを語る。彼女の話によると、ムーケは、ネネットがひまをとらずにすませるようになりたいと頼んだのを、むげにしりぞけたそうだ。マダム・フォレスチエは二年前、それがゆるされていたそうだが、上からの命令によってゆるされていたのである。

第一八週

月曜――焼き直し、九時まで。板一〇枚（ボビン受けの板）。二〇〇個、〇・〇二一パーセント（四二一二六三号、b・二一番）

軸棒、一八〇本、〇・〇二二パーセント［九二八四九四号、b・四八］、タイム一時間一五分と一時間。

はずみプレス、ボディの寸法測定（第二日目と同じものか）［二二六一六号、b・一七番、注文伝票二枚］、一一六個、〇・〇二二パーセント――それぞれの作業は、一方がむつかしく、もう一方がやさしい。五〇分かかる（一一時半終了）。

小部品、四二二四四六号、四〇〇個あたり〇・六二パーセントを、一五〇個、すなわち全部で〇フラン九〇、――タイム一五分。はげしい腹痛、――医務室へ行く。何とかがまんしようとつとめたが、だめで、結局二時半に帰る。およそ六時頃まで、ぐったりと虚脱状態、そのあと疲れはなくなる。

火曜――端子、二四〇個、〇・五三パーセント［四〇九一三四号、四〇九三三二号］。

仕事があまりうまく進まないのを、いかにも心からよろこんでいるふう……ムーケ。

座金、四二一四三七号、b・一番、〇・五六パーセント、八六五個、タイム一時間一五分、二端子つきプレス。

連動装置［一二二七〇号、b・六八番］。一フラン四二の割。一五〇個、ロベールのプレスで（しかし、かれはひまをとらされたので、ビオルと一緒である）――ペダルを連続的に二度ふんで、長い棒から切り出す。二度もふむのは、機械の長さが十分でないからである。棒は平たくない。だから「）」と、こういうふうに入れると、入れるのはやさしいが、出すのがほとんど不可能になる。そこで「（」というふうに入れると、入れるのがなかなかむつかしいかわりに、出しやすい。ビオルは初めの仕方をすすめ、ポメラは、（ビオルに対してたいへん軽蔑した気持を抱いているので）第二の方法をすすめる——ムーケがやって来て、——わたしに最初の方法をやらせる。けれど、出すための手がかりを教えてくれる（ポメラがそのやり方を見つけたのだ。ムーケは「あいつにも見せてやろう」と言った）。はじめ、わたしの操作は、いかにもぎこちなかった。かれは、てこの原理をわたしに思い出させねばならなかった……

一時一五分に工場へもどるとき、うれしい気持になったのは、おそらくこれがはじめてのことだった——それは、ムーケがわたしに教えてくれたやり方のおかげでもあったろう。「うまく行かない」、つらい苦しい仕事をしているのにわたしは仕事をたのしんでいた。一時一五分に、わたしはポメラに、仕事がうまく行かなくとも、嫌気がさすとはきまっていないと言った。かれは、「そのとおりだ」と言った。手をすりむいた（傷がひりひりする）。実際にはありえない速度の問題。注文伝票のことを考えに入れずになされるのだから。わたしは、ムーケの前だと、「一連の同じ調子」を努力せずにつづけることができるのに気がついた。いったん、かれが向こうへ行ってしまうと、もうできない……。かれが、上役だからというわけではない。とにかく、わたしを見つめていてくれ、わたしの後でじっと待っていてくれるだれかがいるからなのだ……

屑物処理、二時半から三時二五分まで。「ピアノ」、〇・五六パーセントで、三四四枚〔五〇八九〇七号、b・一〇番〕タイム五〇分。

誘導装置（だと思う）、四〇〇〇九一九五号、一時間。

夕方、疲れなし。美しい太陽が照り、さわやかな風の吹く中を、ピュトーへ行く、――（地下鉄、相乗りのタクシー）、バスで、オルレアン通りまで行く。快適、――B……の家へ上る。そして、遅く寝る。

職を求めて

月曜――ひとり、イシイにいる。――マラコフ通り。退屈だ。――特に記さねばならないことは、何もない。

火曜（雨降り）――一人の女工と一緒になる（一三歳になる息子の話をする。その息子を学校へおいてきたのだ。「そうでもしなきゃ、あの子はどうなりますかね。わたしらと同じように、しょっちゅう苦しんでいなくちゃなりますまいよ」）。

水曜――（すばらしい好天）。二人の仕上げ工と一緒になる。一人は一八歳、もう一人は五八歳。たいへん興味をいだかせられる人物、けれど、非常にひかえ目な人だ。どこから見ても、男らしい人。ひとり暮しをしている（妻に捨てられたのだ）。「アングルのヴァイオリン」（といえるほどの写真の名手）。「映画をトーキーにしたのは、映画を殺してしまったようなもんですよ。そんなことをせずに、今のままにしときゃよかったんですがね。今のままの方こそ、ほんとうに、写真術の一ばんみごとな応用でしょうにな」。戦争の思い出を語るときには、まるで、ちがう世界のことを語るかのように、声の調子がかわる。その仕事は、もっとつらくて、もっと危険だというだけのことですよ（砲兵だという、なるほど）。「今まで、こわくなったことなんか一度もないと言うやつは、うそを言っているんですよ」。しかし、この人は、どんなにこわい目にあったとしても、そのために心の中で屈辱感を感じなければならないようなことは少しもなかったと思われる。仕事について、――「しばらく前から、だんだん専門家が求められるようになってきています。だから、技師と同じぐらいの知識が必要でしょうな」。わたしに、「縮閉線」の話をする。多くの曲線や折線でできあがった部品を切りだすために、まず、その平たい金属の薄板の寸法を定めなければならない。

「縮閉線とは何かということを、できるだけ明確に知るようにつとめること」。

一度、かれは試作品を失敗したことがあった。わたしの理解したかぎりでは、その理由はかれが直径にπ（円周率）を掛けることを忘れていたからである。

かれぐらいの年齢になると、仕事がつくづくいやになると言う（若い時には、かれもその仕事に情熱をもって、心を傾けていたそうだ）。しかし、それは仕事それ自体がいやなのではなく、人に使われるのがいやなのである。たとえ、金属の薄板が相手でもよいのだ……「自分自身のために働けるということが必要なんですよ」。「わたしは、もっとほかのことがやりたいんですよ」。（レ・ミュローで）働いていたこともあるそうだ。しかし、今では、注文伝票をいくつも未完了にして、どこかへ配置換えされるのを、なかば待ち受けている状態だ（そのチャンスだから）。この頃の事務所の悪口を言う。「やつらの、ものわかりのわるさといったら……」。品物を七分間で仕上げねばならないことで、職工長と言い争ったこと。かれは、一四分もかかった。職工長は、見せつけのために、自ら七分間で一個を仕上げてみせたが、かれの言うのには、それはひどい品物だったという――（それでは、大量の一斉組立ての仕事だったのだろうか）。

むかしの仕事のことをいろいろ話してくれる。金属板のこと。織物工場では、機械工だったこと。「今から思えば、あのときは、夢のようですよ」。かれは、「隠れて内職ばかりして時をすごした。もちろん、自分たちがあわれな奴隷の境遇にあるなどとは、ゆめにも思わなかった。かれは、どことなくすね者みたいなふうをよそおう所がある。けれども、あたたかい心の人であることはたしかだ。

朝のうちずっと、三人で、この上なく自由で、のびのびした会話。奴隷の境遇にいると、殊に女の場合、いつも主要な関心の的になるのは、生活の苦しさのことばかりであるが、それよりももう少し高度の内容の会話であった。アルストム以後、深く心のなぐさめられたひとときであった。

若い方の男も、おもしろい人だった。サン・クルーに住んでいるそうで、こんな話をした。

「ぼくはいい調子に行っていたら、（かわいそうに、実際はいい調子に行っていないのだ。いつもすき腹をかかえているのだから……）絵をかきたいんですがね……」「だれでもみんな、何か好きなものを持っていますね」。もう一人の男が言う。「わたしの場合は、写真だよ」。若者がわたしにたずねる、「それじゃ、あなたは何が一ばんお好きですか」。わたしは、困ってしまって、「読書よ」と答える。すると、かれは言う、「そうでしょう。ぼくにもよくわかっていました。小説なんかじゃなく、どっちかというと、哲学的なものなんでしょう」。それから、みんなで、ゾラやジャック・ロンドンの話をした。

この二人とも、明らかに革命主義者らしいところがある（この言葉はたいへん不適当だ、――いや、むしろ、ふたりは階級意識と自由な人間の精神を持っていると言うべきだろう）。しかし、国の防衛という点になると、おたがいに意見が合わない。けれど、わたしも強《し》いて主張はしない。

まったき友情関係。こんなことは、つきつめてみたところ、わたしの生涯にもはじめてのことだ。階級のちがいにも（階級なんてなくなってしまっているのだから）、男と女であるという点にも、なんら障壁がない。奇跡的なことだ。

復活節の日曜日

グレゴリオ聖歌が聞けるかなと（おろかにも）期待して出かけた教会からの帰り、ふと小さな展示会にぶつかった。そこで、ジャカールの織機*が一台、運転されているのを見つけた。わたしは、パリの工芸博物館で、この織機を見たことがあり、ずいぶん熱心にながめていたものの、結局なんの印象も残らなかったことがあったので、さっそく、いそいで展示会場へ下りて行った。わたしが興味を持っているらしいのを見て、職工がいろいろ説明してくれた（外へ出てから、クラクサン通りを二度もぐるぐる回った……だもので、わたしは、かれの好奇心をそそったらしい）。かれはなんでもやれるのだそうだ。たとえば、下絵（下絵のデッサンによるので、布地のデッサンによらない——かれの言うのには、自分で下絵のデッサンを見つけることができる（本当だろうか）とともに、下絵から布地のデッサンを読みとることができるそうだ、——しかしながら、下絵によって、布地にどういう文字を織り出すかを読みとることができるかとたずねると、——かれは、ためらいがちにではあるが、――もちろん、できるが、すらすらとはできないと言う)。機械の取付けもする(ということは、全部の糸を間違いなく配列するという意味である――これは、極度にこまかい仕事である)――また、梭《ひ》をあやつり、ペダルを踏みながら、機織《はたお》りをすることもできるという。ペダルは、針と糸が全部上の方へあげられているので、踏むのが重いが、自分は決して疲れることはないとかれは言う。こうして、とにかく最後には、わたしは、下絵や針や糸の関係を、――おおよそながら、――理解することができた。かれの言うところでは、どんな織物工場にも、見本用として、ジャカールの織機が置いてあるそうだ。けれども、それはやがて消える運命にあると、かれは考えている。かれは、自分の知識をこの上なく誇っている……

＊訳注　ジャカールは、ジョゼフ・マリ・ジャカール(一七五二―一八三四)、フランスの機械技師で、自分の名をもつ織機の発明者。

第二の工場、四月一一日木曜から、五月七日火曜まで
ブーローニュ・ビヤンクール市、ヴィユ・ポン・ド・セーヴル通り、バス・アンドル鉄工所カルノー工場にて

第一日――ゴーチェの工場、油入れのブリキ缶作り〔その後、防毒マスク〕(非常に特

殊な工場である)。チェーンと、いくつかのプレス。わたしも、一つのプレスをあてがわれる。図3のような形の部品の型打ちをして、図4のような形にする。その先端は方角を定める役目をする、——小さいプレス、ペダルもやわらかい。この先端がうるさい。一々

図3

図4

数えなければならない(どういう検査が行なわれるのか知らないので、わたしは良心的に数えた。そんなことをする必要もなかったのに)。わたしは、部品をきちんと並べて、五〇個ごとに数える。そして、大いそぎで仕上げにかかる。力のあらんかぎりとまではいかなくても、無理をして、一時間に四〇〇個を仕上げる。仕事は、全体としてアルストムにおけるよりももっと苦しい。午後になると疲れがでてくる上に、息づまるような空気と、ペンキやワニスなどのにおいがムンムンする雰囲気のために、いっそう疲れが倍加する。わたしは、このままの調子をつづけて行けるかどうかと心配だった。すると、四時に、職工長のマルタン(美男子で態度も声も、ものやわらかな、若い男だ)がやって来て、いかにもくそていねいにこう言う。「八〇〇個仕上げてくださらないと、ここにいていただくわけに行きませんよ。あと残りの二時間で、八〇〇個仕上げられたら、このままいてくださっても、まあ結構ですがね。一二〇〇個も仕上げる人だっている位ですからね」。わたしは心の中に怒りをおぼえながらも、がむしゃらにやって、一時間六〇〇個に達した(いくらか、数をごまかしたり、部品の方角をいいかげんにして

やったおかげだ)。五時半にマルタンが数えにやって来て、「十分とは言えないがな……」と言う。それから、かれは、ほかの一人の女工の部品を並べる手伝いをやらせる。この女工は、わたしを迎えても、一言もものを言わず、笑い顔ひとつ見せない。六時に、わたしは怒りをむりにこらえて、つとめて冷静にしようとしていたものの、腹の中がむしゃくしゃしてたまらないので、とうとう、工場長の事務所へ出かけ、いきなり、ずばりとこう言った。「明日の朝もまた、来なければなりませんか」。工場長は、だいぶおどろいたらしく、こう言った。「来るのはあたりまえですよ。万事それからのことだ。しかしまあ、もう少しはやくやってもらわにゃ困るな」。わたしは、「努力してみましょう」と返事をして、出て来た。着がえ部屋では、ほかの人たちが、わたしのように腹を立てている様子は一向に見えず、ぺちゃくちゃとおしゃべりしたり、ざれごとを言ったりしているのにおどろく。それでも、工場から出て行くときは、とてもはやい。ベルが鳴る時までは、まだ何時間も働かねばならないみたいに働いているが、ベルが鳴る時がくると、まだ鳴りはじめない先からはやくも、みんなバネ仕かけで動かされたみたいに立ちあがり、名前にチェックをしに走り、着がえ部屋へかけこみ、そそくさと言葉を交わして仕事の話などをし、家路をいそぐのだ。わたしは、どんなに疲れていても、新鮮な空気にたまらなく飢えているので、セーヌ河まで歩いて行くことにしている。河のふちの、石の上にすわりこむとき、わたしは、憂鬱で、くたくたに疲れきり、どうしようもない怒りのために胸がつまるような思いがし、自分の中の生命力がすっかり空っぽになってしまったような感じがする。そして、こんな生活をやむなくつづけて行かねばならないとすると、毎日セーヌ河を渡って行くのに、一度も河の中へとびこもうという気持にならずにすむであろうかなどと思ったりするのである。

その翌日の朝は、またもや自分の機械についている。必死の思いで全力をふりしぼって、ようやく一時間六三〇個。ゴーチェを連れて近くへやって来ていたマルタンが、たちまちわたしに言う「止めて」。わたしは止める。けれども、相手が何を望んでいるのか、わかりかねて、そのまま機械の前にすわったままでいる。それだけでも、十分怒鳴りつけられるねうちがあるのだ。つまり、上役が「止めろ」と言うときには、ただちに立ち上って、その命令に服し、次に命じられる新しい仕事の方へとんで行く用意ができていなければならないのらしい。「ここは、眠るところじゃないぞ」(もちろん、この工場においては、一日九時間、ただの一秒たりとも、仕事をしていないときはありえないのである。わたしは、ただの一度も、女工が自分のしている仕事から目を上げるのを見たこともなければ、女工がふたりで何か言葉を交わしている風景を見たこともない。この工場では、女工たちの生活の一秒一秒だけが、いかにも貴重なもののように、こまかく使いつくされているのだとつけ加えておくのは蛇足になるだろうか。ほかのところでは、浪費や利益の横流しが行なわれているのである。わたしが見た中では、ムーケのような上役は一人もいない。ゴーチェの工場では、上役の仕事は何よりも、女工たちの尻をたたくことだけにあるように思われる)。わたしにあてがわれた機械は、ただ薄い金属のバンドの所に穴をあけるだけのものだった。バンドは、上部が金色、下部が銀色で、曲がりやすく、同時に二枚を置かないように注意しながら、「全速力で」やらねばならなかった。しかし、それでも度々、バンドがぴったりくっついてしまうことがあった。最初、二枚置いてしまったときには(そのために機械も止められたが)、調整工が直しに来てくれた。二度目のときは、マルタンに知らせたが、マルタンは、機械の修理がされている間、わたしをはじめの機械につかせた。一時間、だいたい六四〇個。……一一時に、一人の女がやって来てやさしそうな笑いをうかべながら、わたしを別の作業場へ連れて行った。わたしは、作業場の横にある、明るい大きい部屋へ入れられた。作業場では、一人の職工がもう一人の男に、圧搾《あっさく》空気吹付け用ガンにどうしてニスを塗ればよいかを教えていた……。

(最初の日、八時に、職業紹介所へ行ったときの初めての印象を記しておくのを忘れていた。わたしは、――いろいろと心配していたことはあったが――とにかく、失業中の身がとうとう職にありつけたので、幸福な気持でもあり、また、この工場に感謝の気持もいだいていた。五、六人の女工がそこにいたが、彼女たちがいかにも憂鬱そうな様子なので、わたしはおどろいた。いろいろたずねてみたが、これというたいしたことも聞きだせなかった。さいごに、わたしは、その工場は監獄みたいな所なのだ(馬車馬のように駆り立てられ、指を切断されたりすることは数知れず、情容赦《なさけようしゃ》もなく馘《くび》を切られる所）、そして、この女たちの大部分はそこで働いていたことがあるのだということをさとった——女たちは、去年の秋に、表の通りへ投げ出されたか、あるいは自分で逃げ出そうとしたのかのどちらかで、——今、怒りを胸にぐっと押しこらえ、歯をくいしばってがまんしながら、ふたたびもどって行こうとする所なのだと思った）。

門は、定刻一〇分前にあけられる。しかしそれは一応そういうことになっているだけで、定刻前でも、正面入口の小さな戸はあいたままである。第一鈴で（五分間隔で第三鈴まである）、小さい戸は閉じられ、入口が半分ほどあけられる。雨がはげしく降る日など、「門があく」前にやって来た大ぜいの女たちが、すでに開いている小さい戸のそばで、ベルの鳴るのを待ちながら、雨の中を立ったままでいるさまを見るのは、なんともふしぎな光景である（盗みが起こったりする。たとえば、食堂なんかでも）。どんな抗議の声も聞かれず、どんな反応もあらわれない。

一人の強くて、ピチピチした、健康そうなきれいな女の子が、ある日、一〇時間もの一日の仕事が終ったあと、着がえ部屋で言った。「一日中仕事していると、うんざりするわ。七月一四日*には、ダンスができるから、しめしめよ」。わたし、「一〇時間も仕事をしたあとで、まだダンスをしようなんて考えられるの」。彼女、「あたりまえよ。（笑いながら）一晩中だって、ダンスをしていられるわよ……」それから、まじめな顔になって、「でもね、五年間もずっと、ダンスをしたことがないのよ。みんなダンスをしたがっているのよ、洗濯なんかするより、ダンスの方がしたいのよ」。

＊訳注　パリ祭。フランスの国祭日。

二人か三人いつもふさぎこんでさびしそうな微笑をうかべている人たちがあるが、その人たちはほかの者みたいな俗悪なところは全然ない。その中の一人がわたしに、「いかがですか」とたずねてくれた。わたしが、今いる所は静かで落ち着くと言うと、彼女はやさしい、悲しそうなほおえみを浮かべて、「そりゃ結構ですわね。ずっとそうだったらよろしいのにと思いますわ」と答えてくれた。このようなことが、ほかにもまだ二、三度あった。

こういう生活においては、苦しんでいる人たちは不平なんか言っているひまがないのだ。その人たちは、ほかの人間からは理解されないだろう。苦しむことのない連中からは、たぶん軽蔑され、苦しんでも、自分の苦しみだけでもうせいいっぱいという連中からは、いやな奴と目されるだけがおちなのだ。どちらを見ても稀な例外を除いて、上役どもが見せる冷酷さと同じようなつれなさがあるばかりだ。

ニス塗りのとき。五人の職工たちをじっくり観察した。大工――わたしの相棒のトラック運転手――「下にいる男」（スズめっき工）、班長を兼ねる。旧海軍軍籍登録者の電気技師（この男が通りすぎると、わたしとわたしの相棒にとっては、まるで沖の方から風が一吹き吹いてきたみたいな感じがする)。機械技師(残念なことに、ほとんど目立たない存在)。

[注目すべきこと。男女の別がはっきりしていること。男は女を軽んじているふうだし、女は男に対して万事ひかえ目な態度を見せる(卑猥な冗談をやりとりしているくせに)。ここの労働者たちの場合、よそよりも、この点が際立っている」。

女工たち。むかし裁断工をしていた女。七年前(二八歳のとき、一ばん幸福だったときに)、卵管炎にかかったが、何年も経ってからやっと、プレス機をやめてほかへ移ることができた、――そのときから、腹を決定的に完全にいためつけてしまった。話をするときにも、痛ましい調子がこもる。けれども、彼女は、工場をかわろうという考えは思いつきさえしなかったのだ、――簡単にそうすることができたときに。

ふたたび、仕事を求めて

五月七日火曜日に解雇された。水曜、木曜、金曜と、頭痛のために、たいへん不快な虚脱状態におちいったままですごす。金曜、朝、やっとドゥト*……に電話するため、なんとか時間に間に合うように起きる勇気がでた。土曜、日曜は休息。

＊訳注　アルストム工場の専務取締役オーギュスト・ドゥトゥフのこと。

一三日、月曜——ルノー工場の前で。三人の人が話しているのを聞く。わたしははじめ、この三人を本職の職工かと思った。中の一人は（ほっそりした顔立で）、いかにも意地の悪そうな様子で人の話を聞いていたが、この人は後に逮捕されたので、もう二度と姿を見ることはなかった。——それから、プレス専門の技工である老労働者。職工らしい渋紙色の顔をしていたが、——隷属状態にいるため、知性的にはずっと下等な段階にあるようだった。古い型のコミュニストである。この人たちが各組合の連合体をつくっている背後の指導者なのである。かれらが、組合のボスをえらぶ。ボスたちは、運動がはかばかしく行かないとこういう指導者のところへ出向いて言う。「もうこれ以上やつらに辛抱することができませんや……やつらの中で、自らこんなことを言う奴がでてきたんですからね」。それから、ボスは労働者たちに言う。「失業者が出ているときに、ストライキは成功しないだろう。君たちはまだ苦しまねばならない……」など。要するに、巧みに身を隠した坊主どもの案出したさまざまなばかげたことが、そのまま性こりもなくくりかえされて行くのだ。

三人目の男は、この工場の若者で、サンディカリストの傾向をもつ（リヨンで働いていたことがある）。なかなか、おもしろそうな男だ。

一四日、火曜——午前中、何もせず。午後、サン・トゥアン（リュシエール）へ行く。もうその口はふさがっていた……

図5

一五日、水曜——ポルト・ド・サン・クルーへ行く。ドゥト……へ電話する間があった。ルノーへ行くにも、サルムソンへ行くにももう時間が遅かった。コードロンへ会いに行った。門の前に半ダースぐらいの本職の職工たちが、みんな、航空関係の免許状を持って集まっていた。航空機組立て工、仕上げ工……ここでも、例の同じ言葉がくりかえされていた。「やつらが要求しているような、本職の職工なんてものは、そう見つかりっこないぜ。今じゃ、もうその養成もされていないんだからな……」。展開物についても問題は同じである。わたしの理解しているかぎりでは、二種類のやり方があって、一つは「蟻みぞ」であり、いわば図5のようなものであって、金属板の中へピッタリとはまり込まねばならない。板の方にやすりをかけて削ることはゆるされない。それから、「展開型」とである。仕上げ工の仕事には、どこか芸術家みたいなところがあるようだ。

わたしが近づきになった男。見たところ、いかつい粗暴な男にみえる。免許状をいろいろ持っていて、おどろかされる。パリ工芸博物館（一九歳のときまで、そこで研修していた）の推薦状もある。「誇るにたるりっぱな技能を有する機械技師」。バニョレで（小さな自分の家に）住む。そのため、かれは仕事をさがすのが困難なのである。かれが八時間以上仕事をするのをいやだというのは、どうやらそのためらしいと納得が行く。しかし、わたしはあながちそれだけのためではないようだと思う。ルノー工場では、一〇時間以上も働いている。かれにとっては、それは負担なのだ。通勤のことなども考えあわせると、「日曜日には、ずっと寝たままで休息をとらなきゃならない」（それでも、かせぎ高は同じことなのだ）。さらに、かれは言う、「五時間も働けば、それでもう結構だね」。職工長をやったことも一度ならずある（軸受け工の免許がある）。「だが、わたしは少々革命派すぎるんだな。職工たちをいじめたりすることは、絶対できないからな」。わたしという人間をどうやら取りちがえたらしい。それからのかれの態度にそれがみえる。わたしと別れるとき、「わたしのことを悪く思わないでくれよな」。わたしの家へまで会いにくることになる。だが、翌日の朝、ルノー工場の前では、会わなかった。……その次の日、だれか戸をたたく者がいる。わたしは寝たままで、開けに行かなかった。かれだったのだろうか。それから後、もうかれのことは少しも耳にすることがなかった。……

別の日、ジェヴロ工場の前で、——白髪の男に会う。戦争前は、音楽家になる志望をいだいていたという男だ。自称会計係だということだった（しかし、ほんの初歩的な計算をまちがったりした）。——職工の仕事をさがしていた。かわいそうな敗残者の一人だ……。

七時一五分から七時四五分まで、雨が少し降る中で待った。その後、結局「採用なし」。ルノー工場では、採用は終了した。サルムソン工場の前で一時間待つ。

また別のとき、ジェヴロ工場において。女たちだけを入らせた。人事係の男は野卑で冷酷だ（人事係長だろうか）。この男は、職工長は実におどおどと答えていた（こういうことを見るのは痛快だ）。まるで馬をながめまわすみたいに、わたしたちをながめまわす。「こいつが一ばん頑丈らしいぞ」。三年前に、妊娠したので工場を去った二〇歳のむすめに、いろいろと問いただすかれのやり方といったら……わたしに対しては、ていねいだった。住所を聞きとった。

二児の母でありながら、働きたいという女がいた。「家にいてもたいくつだから」というのだった。夫は、一日に一五時間も働いていて、妻が仕事に出るのは好まなかった。もう一人、やはり二児の母だという女がいたが、どうしても働かねばならない不幸な境遇にあり、先の女のことを憤慨していた（サルムソン工場前にて）。

さらに別のとき（だと思うが）、「フランが下落しているから、食って行かれなくなるよ。ラジオでそう言っていた……」などと話していた若い女に会った。

さらに別のとき、イヴリイまではせ参じた。「女は、だめだ」。頭痛……

また別のとき、メニルモンタンのラングロワ（小さい工場）の前へ、七時に行った（そういう通知があったから）――八時半まで待った。それから、サン・ドニへ行ったが、もう遅すぎた。

サン・ドニへはふたたび行った。食べるものを食べていないときに、こんなふうに歩きまわるのはつらい……

ふたたび、サン・トゥアンのリュシエールの所へ七時半に行く（ちょうど、その日の午後、ルノー工場で採用されることになる）。

最後の一週間、わたしは通信費も含めて、一日三フラン五〇しか使わない決心をした。空腹感が、常時つづくようになった。働いて食べるということは、多かれ少なかれ、苦しいことではないだろうか。これはまだ未解決の問題だ……。いや、とにかく何よりも苦しいことにまちがいはない。

ルノー工場にて

フライス盤。

五日、水曜——就職第一日。一時半から五時まで。わたしの周囲の顔ぶれ、若くてハンサムな職工、組立て工の若者、その妻など。

就職第一日の心の激動は異常なほど。翌日になって、次第に未知のものにぶつかって行こうという気持もでてくる。朝の地下鉄の中でも（わたしは六時四五分には到着する）、心配な気持があまりにも強く、そのために身体の調子までがおかしくなる程だった。みんながわたしを見ているのがわかった。きっとわたしはまっ青な顔をしていたのにちがいない。これまでに、もし本当の恐怖心を味わった日があったとしたら、それはこの日だった。わたしは、心の中で、プレス工場、一日一〇時間の労働、乱暴な上役、指の切断、熱気、頭痛などといったものを思いうかべていた……。むかしプレス工だった女で、職業紹介所でふと口をきいた女工の話も、一向にわたしを力づけてくれるものではなかった。第21工場へ着いたとき、わたしは自分の意欲がしぼんで行くのを覚えた。しかし、そこにプレスがなかったことは、せめてものことだった——何というさいわいだろう。

三カ月前、ある女工がフライス盤のためにその手をグサリと突きぬかれたという話を聞いたことがあったが、そのとき、そんな光景をいつまでも記憶にとどめていては、これから先、とてもフライス盤の仕事にたずさわることは容易ではないだろうと思ったことだった。しかし、この点については、今まで別に、こわくてたまらなくなるという程のこともなかった。

六日、木曜——八時から一二時まで、見学*——二時半から一〇時まで、仕事。最初の二時間に四〇〇個、全体で二〇五〇個、調整工の失策のため、一時間半、もしくはそれ以上のロス。退社のとき、へとへとに疲れている。

＊原注　当時シモーヌ・ヴェイユは、一四時半から二二時まで仕事をする（班）に属していた。

奴隷的な境遇の不つごうな点は、洞穴の中の青白いかげにすぎない人間存在を、ともすると現実に存在するものであるかのようにみなしたくなることである。たとえば、わたしの調整工であるあの若僧に対する場合。そこで、どうしようもなく反発したくなる［何週間もたつうちにこういうことも超越できるようになった］。

ディックマンの考え。しかし、労働者が、ほかに、自由な労働によって財をなすことができるならば、こういう奴隷的な駆使に甘んじていられるものだろうか（甘んじていられないというのなら、結構なことだが）。

あまり無茶な働きかたをするなと言ってくれた人たち。それは（後になって知ったのだが）、この工場のずっと端の方にいるもう一つの班の職工長だった。この人はたいへんやさしく、すすんで好意を示してくれた（それにくらべ、わたしの班長のルクレルクの好意は、むしろ、どうなとなれという投げやりなところから来ているようだ）。そのうち、たまたま、かれと話をする稀な機会があると、いつもわたしに対しては格別にやさしくしてくれる。いつかある日も、わたしが大きいボルトを手づかみで、あわれな恰好をして、からのケースへ移していたとき、かれが通りかかって、わたしを見た……

この男のことは、決して忘れないだろう。職工長とハンドル。職工長は、ハンドルが動き出すのが明らかにわかっているときに、

「こんなふうにやってみろ」などと言う。

七日、金曜――ちょうど二五〇〇個、へとへとに疲れる。前日よりももっと疲れがひどい（とくに、七時半をすぎたとき。フィリップがわたしを見て、ふざける……。七時にはまだやっと一六〇〇個しかできていなかった。

地下鉄で、若い女が「もう、がんばれそうにないわ」。――わたしもだ……

八日、土曜――二四〇〇個、洗浄。疲れる、しかし昨日ほどではない（八時間かかって二四〇〇個、すなわち、一時間三〇〇個がやっとだ）。

一二日、*火曜**――二二五〇個、そのうち七時以後に九〇〇個、――それほど、むりはしなかった――退けるとき、わずかばかりだが疲れ。終了は――一〇時。

＊編集部注　正しくは一一日。以下七月七日まで日付がずれているがそのままとする。

一三日、水曜――停電（ありがたかった）。

一四日、木曜――二二四〇個、九時半に終了（部品がなくなったため）――そのうち、七時までに一四〇〇個、七時以後八四〇個（四時には、やっと三三〇個しかできていなかった）。はげしい頭痛。ぐったりなって退社。しかし、疲労困憊《こんぱい》ということはなくなった……

一五日、金曜――一三五〇個、ほかに三〇〇個。疲労はなかった。

一六日、土曜――二〇〇〇個、八時四〇分終了、洗浄。なんとか、辛うじてやりとげる。それほど疲れなかった［この最初の一週間、財布の方の問題は、ほかの人々の親切のおかげで、それほど苦しまずにすんだ］。

［日曜日――頭痛、日曜から月曜にかけての夜は、眠れなかった］。

一八日、月曜――二四五〇個（八時三五分には一九五〇個）――退社のとき、疲れてはいたが、くたくたという程ではなかった。

一九日、火曜――二三〇〇個（八時四五分には二〇〇〇個）――むりなくやった――退社のときも、疲れはなかった――一日中、頭痛。

二〇日、水曜――二四〇〇個（八時三五分には二〇〇〇個）、非常に疲れた。調整工の若僧めは、三〇〇〇個以上やらなきゃいけないと言う。

二一日、木曜――工場へ出かけるとき、これ以上に苦しい気持はとても味わったことがなかった。一歩一歩がわたしには苦痛だった（精神的に。帰るときには、苦痛は肉体的になる）。わたしは、なかば精神錯乱の状態にある。そういう状態にあってわたしは、なにか非常に痛烈な一撃をうけるために、とくに名ざしされた犠牲《いけにえ》のようだ……二時半から三時三五分まで、四〇〇個。三時三五分から四時一五分まで、ヘルメットをかぶった組立工のために、時間をつぶされる――（かれが、くぎ抜きのやり直しをさせたのだ）――部品は大きい――万力のハンドルがつけ直されたので、仕事がたいへんきつく、また、のろのろとしか進まない。班長に救いをもとめる――口論――ふたたび着手――親指の先をけずりとられる（そら、これが痛烈な打撃なのだ）――医務室へ行く――六時一五分に、その五〇〇個分を終了。――わたしの分の部品は、もうそれ以上ない（そんなことにまではほっとさせられる位、わたしは疲れていたのだ）。しかし、部品がまだ来るはずになっていた。ところが、結局、それを受けとったのは、やっと七時半になってから、しかもたった五〇〇個にすぎなかった（みんなで一〇〇〇個にしかならない）。［金髪の男は、わたしが職工長に不満をもらさないかとおそれている］。八時に二四五個。ずいぶんと苦しみながらも、一時間四〇分かかって、大型の五〇〇個分の組立てをやり上げた。これは、運転中のフライス盤のもう一方の側においてであって、調子は良好だった。小型の二四〇個を正確に三〇分で仕上げた。九時四〇分には仕事から解放された。しかし、収入は一六フラン四五にすぎない（いや、大型の部品についてはもう少し余計に支払われるだろう）。疲れきって、退出した……

女工たちと初めて一緒に食事（大衆食堂にて）。

ヘルメットをかぶった組立て工のことについて、「もし、あいつがあなたの機械にさわりに来たら、向こうへ行くように仕向けなきゃだめよ……あいつは、さわるものを何でもこわしてまわるんだから……」。

かれがわたしに、二〇〇〇個入りのケースを運べと命令する。わたしは言う「一人じゃ動かせませんよ」——「なんとかやってみろ。おれのやるべき仕事じゃないからな」。

部品待ちをさせられるときのことについて、新米の女工がこう言った「職工長が言っていたわよ、待たされたら、自分を待たした女工のサラリーから、賠償金を取るべきだって」。

二二日、金曜——ずいぶん朝寝した——ギリギリ時間に間に合うだけの余裕しかなかった。工場へ出かけるのがつらい——しかし、前に何度もそういう場合があったのとちがって、苦しいのは精神的に苦しいのではなく、肉体的に苦しいのだ。そのため、わたしは、もうこれ以上辛抱し切れなくなるのではないかと心配だ。アルストムにいたときと同じように、ふたたびまた、「とにかく、今日もがんばろう……」という気持をふるいおこす。昨日で、ここに来てから二週間になる。おそらく、二週間以上は耐えられまいと思う……

いったん工場へ入れば、わたしは四五〇個を仕上げ、つづいて二〇〇〇個を仕上げねばならない。何とかやって行く。くよくよ思っているひまはないのだ。二時三五分に開始、三時四〇分に四五〇個終了。つづいて、「やらなければならない……」という気持だけを胸の中にかたく抱きしめながら、部品の上に注意をこらし、一連の同じ調子を守って、やりつづける。水が少なすぎるように思う。バケツをさがすのに、ずいぶん時間を失う（バケツは、ちゃんと元の場所にあった）。すると今度は、水を入れすぎて、溢《あふ》れてしまう。排水をし、おがくずをさがし、掃き取らねばならない……自動旋盤係の男が、親切にもわたしに手を貸してくれた。七時二〇分には、箱をさがすのにずいぶんと時間を費した（一五分から二〇分）。とうとう箱を一つ見つけたが、削《けず》りくずがいっぱい入っていたので、それを捨てに行った。調整工が元のところへ置いてこいと命じた。わたしは従った。［次の日、きりもみ工の一人が、その箱は調整工の妻のものなのだと教えてくれて、こう言った「わたしだったら、もとのところへ返しに行ったりしなかったでしょうね」。きりもみの人たちは、感じがいい。少し離れた所でグループになって仕事をしている」。工場（21号B）のずっと奥の方で、一つ箱が見つかった。それを持って行こうとすると、一人の女工がいけないと言う。わたしはまたも、譲ってしまった（失敗だった）。わたしはあきらめて、そのままつづけた。わたしには、残りあと五〇〇個ほどしかなかったので、機械の上へ置いたり、わたしのうしろの機械から一種のかごみたいなものを取り出して、その中へ入れたりしてなんとか片付け、こうしてからっぽになったケースの中へ、出来上った一五〇〇個をおさめた。この荷役作業は、助けてくれる人もなく、ずいぶん長くかかり、たいへんつらい仕事だった。とにかく、九時三五分には全部終了。いそいで、あと七五個を求めに行く。自分の記録をいくらか破ろうと思って。だから、二五二五個になった。オーギュスト・コント通りへ帰る。地下鉄の中でねむる。一歩一歩歩くということに、確かな意志の力が要る。帰宅してみれば、それでもたいへん元気になった。ねころんで、朝の二時まで読書。七時一五分に目がさめる（歯痛）。

二三日、土曜——すばらしい好天。心が浮き浮きするような朝だ。工場のことは、いざ出かけるという時になるまで、考えない。でもやはり苦しい気持にかわりはない（ただ、隷属状態にあるという印象はいくらかましだ)。相棒の女工は来ていなかった。二〇〇〇個のケース(うち、七五個引いた分)を受けとる[重い]。二時四五分に開始。三時四五分には、たぶん四二五個仕上げていたと思う(これで、五〇〇個になるはず)。機械を変えられた。仕事は簡単で、給与もわるくない(三フラン二〇の割)。五時五分頃に終了。一〇分のロス。また自分の機械にもどり、五時一五分にふたたび仕事にかかる。スピードは、強《し》いてそうしようと気をくばっていなくても、むりをしなくても、自然に出てくる。今になって、やっと「一連の同じ調子」だ。八時半には、一八五〇個を仕上げていた(すなわち、三時間かかって一三五〇個。一時間あたり四五〇個だ)。八秒間に一個。食事はたのしい(しかし、あの「太っちょ女」はいなかった)。ほっとくつろいだ気分。土曜の夕方でもあり、上役もいず、したい放題だ……。みんなは(わたしを除いて)、一〇時二五分までぐずぐず残っていた。

帰途――音楽をやっていたので、道草を食う。空気もさわやかで、おいしい。地下鉄の中でもねむらなかった。まだまだ歩ける力がある。しかし、疲れていた。それにしても、とにかく、幸福な気分……

二五日、月曜――よく眠れない(かゆみ)。朝、食欲なく、かなりはげしい頭痛。出かけるとき、胸をしめつけられるような苦しみと不安をおぼえる。

工場へつけば、一大事件だ。わたしと同じ作業班の相棒もまだ来ていなかったので、部品を入れるケースをだれかが盗みとっていったのだ。わたしは、別のケースを見つけるのに一時間つぶしてしまった（それに穴をあけねばならなかった）。仕事をはじめる。使い古しのフライス盤だ。一週間前からこの工場に来ている新しい調整工（グレイの服を着ている）が（みずから）わたしのかわりにその機械を動かしてみた。そのとき、かれは、機械のあらゆる部分に、ちょっとガタがきているのに気づいた。とくに、フライスを支えている環が「少なくとも一〇年も前から、どこかへ飛んでしまっていた」。かれは、「同僚が二人とも」自分にその引継ぎをしなかったことをびっくりしていた。おまえさんの機械は「老いぼれたガラクタだよ」とかれは言った。かれは、自分の専門の仕事にはいくらかくわしいように見えた。ともあれ、とにかく、わたしが仕事にかかったのは四時半だった。力が抜け、ぐったりという有様だった（頭痛）。全部で一八五〇個仕上げる（五時間かかっている。つまり、一時間あたり四〇〇個だ）。夕方、わたしはまたも、ケースをさがすのに時間をつぶす。結局見つからないので、横の機械からかごをはずしてきて、その中へ部品を移す。一六〇〇〇個に近い部品がはいったケースを動かすのは、重くてたいへんだ。その部品をほかのケースへ移し入れなければならないのだ。帰宅（オーギュスト・コント通り）、疲れてはいるが、それ程でもない。とくに、こんなにもわずかな仕事しかできなかった嫌悪感。のどがカラカラにかわいている。

二六日、火曜――七時に目がさめる。歯医者の所でながい間待たされ、疲れてしまう――午前中ずっと歯痛。もう少しで遅刻するところ。

暑い。工場へ着いても、階段を上るのが一苦労だ……新しい相棒に会う（アルザス出身の女）。またもや、ケースをさがさねばならない……。ある機械のそばで、一つ見つけてくる。その持主がやって来て、怒る。そのかわりに、これから加工される部品が入っていたケースを、からっぽにして（二〇〇個ほど入っていた）持って来た。こういうわけで、遅々として進まない。別のケースを一つ見つけた。旋盤をまわして、そのケースに大量につめこみなんとか一ぱいにしようとする。ケースを元にもどす（重い）。次に、（二時五五分に）医務室へ行く――（削りくずが飛んで、膿傷が出来かかっている）。戻ってくると、わたしの機械のそばに、わたしの部品二〇〇〇個がぶちあけられているのを発見する（わたしの留守中にケースの最初の所有者がとり返しに来たのだ）。またも、ケースさがし、エレヴェーターの前にいた班長に、そのことを話してみる。班長は言う、「一つ、あなたにも行きわたるようにしてみよう……」。わたしは待っていた……かれは、ぼんやり待っているなといって、わたしを怒鳴りつける。自分の機械へもどる。となりの男が、ケースを一つくれる。そのとき、わたしの班の班長（ルクレルク）が不意にやって来た。わたしに怒鳴りつける。わたしは、留守中に、だれかが部品をぶちあけて行ったのだと話す。かれは、となりの男に事情を聞きに行く。わたしは部品をひろい集める。フライスを換える。とどのつまり、仕事にかかったのは、四時五分である。何とかはやくやろうとして、わき上ってくる嫌悪感をおし殺す。何とかして、とにかく二五〇〇個はやりたいのだ。しかし、わたしにはスピードを維持するのがむつかしい。

ほかの型板の残り二〇〇個は、はやく一掃してしまったが（二〇分ないし二五分かかった）、そのあと、速度は鈍る。

多くの調整工を擁したこの制度の結果。

六時半ごろ、機械の調子がうまく行かなくなる。グレイの服を着た調整工がフライスを移動し、——操作してみて、——ふたたびもどして、——もとの位置とおぼしき所へまた置き直した。……七時にはわたしは、一三〇〇個を仕上げたはずであった。それ以上にはなっていなかった。一休みのあと、またケースをさがしに出かけ、ケースがないので、いろいろと策をつくす。九時三五分ないし四〇分に、型板は終了した（すなわち二〇〇〇個）。なお、五〇個を仕上げる……九時一五分に、若い調整工（フィリップ）の命令で、わたしはそれをほかへ移した。かれは一五分もわたしに待ちぼうけをくわせた。それに、わたしがかれを呼んだときも、もう大分遅くなっていた。したがって、二二五〇個というわけだ。……たいしたことない……。帰るとき、歩こうとすると相当な努力をしなければならない。もちろん、一歩一歩が苦しいという程でもないが……。

わたしは、「一連の同じ調子」をずっと保つことができなかった。わたしの指がじゃまをするのだ。それにまた、自信があまり大きすぎたせいもある。

ケースの問題は、なんとかはっきりと解決してしまわなければならない。それにはまず、旋盤係の女工に、二度に一度はわたしたちの方へケースをまわしてくれるよう頼んでみることだ。ケースはめったにもらえないからね、と彼女は言っていた。しかし、それはわたしたちでも同じことだ。五〇〇個ごとにケースをさがしもとめていたときには、問題もちがったが、今では二〇〇〇個ごとなのだから……

二七日、水曜――朝、疲れ――一歩一歩歩くのに、日中よりも、もっと力がいる……どんよりと鈍い衰弱感――頭痛――意気消沈――おそれ、あるいはむしろ不安感（仕事やケースやスピードなどに対して）――あらしの来そうな重苦しい天気模様。

医務室へ行く。「必要なときには、病室をあけてあげるからね。君がどう思おうと、そんなことは関係なくね」。仕事。胸が痛い、極度の疲労と頭痛に苦しむ（熱も少しあるのだろうか。けれども、とにかく夕方にはおさまった）。しかし、スピードを出してやったおかげで、一〇分間ないし一五分間ほどのあいだ、連続して苦しまずにすごせるような時間ができるなどの状態に達した。五時に、給料の支給。そのあと、わたしは何もかもがいやになったような気持になる。部品の数をかぞえ、自分の機械をふき清め、帰らせてくださいと頼みに行く。工場長の事務室へ、ルクレルク(班長)に会いに行く。かれはわたしの安全をうけ合ってくれる。

センターポンチがないので、その事務室の前で三〇分待つ。引渡しがなかなか面倒なのを知る。職工長どうしの間の仲間関係……

歯医者の家から出て(火曜の朝だと思うが——あるいは、木曜の朝だったかもしれない)、W……街の方へあがってくるとき、奇妙な体験をした。この奴隷の身であるわたしが、どうしてこんなバスに乗ることができるのだろうか。ほかのだれかれと同じ資格で、一二スー出して、バスを利用することができるのはどういうわけだ。これこそ、尋常でない恩恵ではなかろうか。もし、こういう便利な交通機関はおまえのような者の使うものではない、おまえなんかは、歩いて行けばいいのだと言われて、荒々しくバスからつきおろされたとしても、その方がわたしにはまったくあたりまえのように思えるだろうという気がする。隷属状態にいたために、わたしは自分にも権利があるのだという感覚を、すっかり失ってしまった。人々から何も手荒な扱いをうけず、なにも辛抱しなくてよい瞬間があると、それがわたしにはまるで恩恵のように思える。そういう瞬間は、天から下ってくる微笑のようなもの、まったく意想外な贈りものなのだ。こういう精神状態をこれからもずっと持ちつづけて行きたいものだ。これは理屈にかなった状態でもあるのだから。

わたしの仲間たちは、こういう精神状態を同じ程度には持っていないと思う。仲間たちは、自分たちが奴隷であることを、十分に理解していないからなのだ。正しいとか、正しくないという言葉が、おそらくかれらにとってはまだ、ある程度まで意味を持っているのだ――すべてが正しくないこの状況において。

七月四日、木曜――ありがたいことに、あのフライス盤にはもどらなくてすむことになった(それは、いかにも、フライス盤向きの顔をしたほかの女工が担当することになった)。ねじの刻みにあけられた穴から、鋳物のまくれを取り除く小さな機械である。部品は二種類ある(第二の部品は、釘である)。第一の部品一三〇〇個(一フラン五〇の割)、第二の部品九五〇個(だと思う)(〇フラン六〇の割)。それから、磨きテープで、二六〇個をみがく〔一フランの割〕。

七月五日、金曜――明日は休みだ。うれしいなあ。よく眠れない(歯痛)。朝、歯医者に見てもらう。頭痛、極度の疲労〔不安の気持もある。そのために、ものごとをキチンと整えることができない……〕。三週間以上もつづいている。しかも、三週間のあいだ、一日に九度もだ。それは、一日に一回だけというよりは、もっと勇気の要ることだろう。そしてまた、絶望的な勇気をふるいおこして、歯をくいしばりながら、行くのだ。昨日、イタリア人の小男が、わたしに言った、「痩せましたね(一〇日前にも同じことを言われたものだ)。仕事をやりすぎることが多いからですよ」。さて、以上のようなことが、仕事に出かける前の、わたしの感想である。

そばの女工たちが、機械を洗う準備をしているのを見ているとき(頭が割れそうな機械の音……)、もうどうにもこうにも耐え切れなくなって、仲間たちにもすすめられ、ルクレルクに、七時に出て行ってもよいかと頼みに行った。「それじゃおまえさんは、まあ二時間だけ仕事をするためにやって来たってわけかい」とかれの返事はにべもなかった。夕方、フィリップは、何時間と知れぬぐらいわたしを待たせ、うんざりした気持にさせた。そこで、わたしはいやでいやでたまらなくなって……

もともと、疲労なんてものは存在しないのだと言われるかもしれない……。たとえば、戦争の危険などのように、たぶん存在しないのだろう。

次の週、八日月曜から、一二日金曜まで。

月曜、火曜——七時に着手。三五〇〇個の型板(真鍮《しんちゅう》か)。

水曜——一日かかって、八〇〇〇個そこそこというところ。前日の型板を完了(一〇時四五分)。五〇〇〇個の型板にとりかかる(一一時四五分に再着手)。六時に終る[Aと一緒に夕食」。へとへとに疲れる。簡単な部品だった（わたしはもう、正確になんの金属だったかわからない。真鍮とそれから鋼鉄だったと思う）。「一連の同じ調子」。

木曜——前の日がんばったため、疲れてくたくたである。実にのろのろと進む。

金曜——ねじ山。
イタリア人の妻。
夜。集会、R・Pにて——ルーゾンはわたしだということがわからない。わたしの顔がかわったと言う。「ずっとたくましい様子になった」。

注目すべき出来事

グレイの服を着た調整工（ミシェル）が、ほかの二人を軽蔑していること、とくに「うすのろ」の方を軽蔑していること。

組立てがわるいので、フライス盤が故障して、いろんないざこざが起こった。「うすのろ」の組立て工が、機械の調整をしたのだが、調子がもう一つ、どうも中途半端だった。フライス盤をおさえ気味にすると、たびたび、フライス盤がとまってしまうようなことがあった。そういうことは、すでにわたしは経験ずみのことだったが、そのときは、「十分締まっていないからだ」と言われたものだった。そこで、わたしは調整工をさがしに行って、もっと締めてくれるように頼んだ。最初、かれは来ようとしなかった。おまえがあまりおさえすぎるからだと言うのだった。それでも、最後には来てくれた。そして、こう言った。「(フライス盤の締めつけ部分をさし示しながら)ここじゃなくて、(フライス受け軸の滑車とベルトをさし示しながら)ここなんだ。この機械が手間をかけさせやがるのは」。そして、向こうへ行ってしまった。わたしはそのままつづけた。どうもうまく行かない。とうとう、装置の中で部品が一つ故障して動かなくなり、歯が三枚欠けてしまった……かれは、ルクレルクを呼びに行って、わたしを叱りつけさせようとした。ルクレルクは、調整の仕方がわるいのだと言って、かれの方を叱った。そして、このフライス盤はまだ動かせると言った。三〇分後(あるいは、一五分後)ルクレルクがふたたびやって来た。わたしは、「何度も、フライスがとまります」と言った。かれは、(いかにも苦々しい口調で)機械があまり頑丈でないし、それにわたしがあまりおさえすぎるのだと説明した。かれは、どんなふうにやればよいのか、やってみせた――けれども、自分がせいぜいのところ、一時間六〇〇個ぐらいの速度でしか進んでいないことには気がつかなかったのだから、いやはやというわけである(すなわち、二フラン七〇)(もっとも、わたしは時間の測定をしたわけではないが……)。しかし、そういう調子でやっても、おさえる時になるとフライス盤は回転がおそくなった。わたしは、かれにそのことを注意した。かれは、こんなこと位なんでもないことだと言う。とうとう、フライス盤は完全にストップしてしまい、二度と動かないようになってしまった。わたしは調整工を呼んだ。調整工ははやくも、怒鳴りつけようという態度だった。となりにいた女工が言った「締めつけすぎるんだよ」。別なときにも、これと同じことが起こったことがあった。軸をしっかり固定させているはずのボルトのどれかが、たまたま十分締められていないと、機械は回転しているうちに、自動的に軸を締め上げてしまうことになるのである。

フライスを逆方向に回転させて、締めを弛《ゆる》くする。

機械がうまく正常に動くようになったか、それとも弛みがひどくなって行っているのではないか、その判断は（わたしには）むつかしい……

フライスがストップしてしまう原因には、どういうものがあるか（軸もまた、とまってしまっていたのか。この点を注意することを忘れた）。フライス盤そのもの、または部分にガタがあること（この場合がそうだった）。機械に対して、出しうる能力以上の仕事をさせようとして、過度の大きい抵抗ができること（あの「うすのろ」が言おうとしたのは、この点ではなかったか）。［しかし、機械の出力は、何によって決められるのか。］

研究すべきこと、機械の出力という概念について。

シャルチエ*から手紙。のこぎりとかんな。おそらく、機械に関しては、こういうものとはまったく別なふうに……

＊訳注　シャルチエは、エミール・シャルチエ（一八六八―一九五一）。筆名アランとして名高いフランスの哲学者で、デカルト的な人間主義と自由な思想的立場に立ち、一切の専制的なものに反対した。ヴェイユは、一九二五年から二八年まで、アンリ四世校在学中したしくかれの指導を受けたことがあり、教師としてのアランもこのすぐれた女生徒を高く評価し、彼女の著書の読後感などを記して、後年までしたしく手紙を寄せつづけていたらしい。

機械が一個のモーターから、どんなふうにして力を引き出してくるのかを追究すること。機械は、強弱という並べ方によって、分類できるものだろうか。

一八《ママ》日、水曜――〔工場に戻る〕――さわやかな気候――心配していたよりもずっと、(精神的な)苦しみも少ない。自分は、束縛に容易に慣れることができるのだと、ふたたび思う……

仕事なし。自動旋盤（キュタット）の方へ行く。休暇中四日間、研究していた機械だ。

八時半まで、油の来るのを待つ。

ねじ四×一〇、鉄、七〇一〇一〇五／〇四一九一六／フライス一号。

四フラン五〇で五〇〇〇個、すなわち二三フラン五〇。

ルクレルクがくれた小さな組立て部品、ミシェルは四五分間かかっても、まだ組立てができずにいる。

ミシェルが、四五分も前から、組立てのために苦労していたとき、かれがやってきた。「この組立て部品は、だれにもらったのかね」。わたしは、「あなたですよ」と答える。かれは、やさしかった。部品を取り換えさせてくれる。四五分間のロス、この分は無給。ミシェルは、はじめからそうしていたらよかったんだと言う……かれは、部品を使って、ほかの機械を組立てるという（例の若い女の機械で。わたしはそのことでちょっと女をからかってやった）。この問題をめぐり、ルクレルクのことをかれといろいろ話す。あの人は、機械のことがよくわかるんでしょうか。——ある機械についてはね。しかし、ほかの機械のことは、否《ノン》だ。ミシェルは、かれが二カ月間班長だったこと、あまりに人がよすぎるというのでやめさせられたことなどを語った——でも、あの人は、わるい人ではないわ（とこれは、わたしの言葉）。——ミシェルは、かれがこのままの位置に残っていられるはずはないと思いこんでいる。しかし、一年半ばかり前、若いスペイン女がやって来たときにかれはすでにいたのだった。

ねじC四×八、鋼鉄、七〇一〇一〇三／〇四三四〇八／フライス一号。

四フラン五〇で五〇〇〇個、一m（＝組）あたり一フラン、すなわち二三フラン五〇。

完成はまだまだ。

一九《(ママ)》日、木曜——C四×八を完了。
真鍮《しんちゅう》ねじ／七四〇六五七の2号、——一四一七個、特製のこぎり覆《おお》い、一二七／二。
〇・〇〇四五で一〇〇個、すなわち一フラン四五。
真鍮のすり合わせ／六〇〇五三四六／〇二七九四七／フライス一・五号（だと思う）。
〇・〇四五で六〇〇個、すなわち二フラン二五プラス〇フラン四五で、二フラン七〇（逆フライス盤）。

新しい調整工（専門工か、たしかめること）。かれは、「これはなんの役に立つか」と質問し、わたしに図面をさがさせたりする。こういうことは、時間ばかりながくかかって、ほとんどなんの助けにもならない……

この二日間（一八時間）の収入、二三フラン五〇プラス二三フラン五〇プラス一フラン四五プラス二フラン七〇で、五一フラン一五。

三フランにならない。二フラン八五だ。わたしの受けとるのはそれだけの額だ。一九日より前の週と、前の木曜と金曜で（全部で七プラス七プラス九プラス一〇プラス九プラス一〇プラス九プラス一八時間で、七九時間）。

鉄ねじC四×八、それを、わたしははじめ一〇〇〇個の包み一個作った。次に、ゴルジェの所へ行ったが、用意ができていなかった。かれが、わたしを怒鳴りつけなかったとしても、まったく当然のことだ（わたしの方こそ、不平を言う権利がある場合であったから）。午後、残り四〇〇〇個を受けとるために、ふたたびゴルジェの所へ行ったが、四、五度にも分けて与えられ、しかも、そのたびごとに長い間待たされる。その機会に、わたしは、キュタット（自動旋盤）をじっくりながめることができた……。若い調整工は、とうとうさいごには、わたしがこんなふうに待たされるのがきらいではないらしいと認めたように思われる。

いろいろな出来事

調整工が交替した。無能力者の太っちょは、火曜日の午後に去って行った（かれは何になったのだろうか）。かわりにやって来たのは、工場の他の部署から配置換えされた男らしかった。この男は、何にでも無関心というタイプではなかった。神経質で、熱に浮かされたような、せわしない身ぶりをした。ぶるぶると手をふるわせていた。かれは、わたしをかわいそうに思ったのだろう。一時間で、わたしのために調整をしてくれた（わずか六〇〇個分のために）。そしてまた、フライスを逆に置いた（それでも、とにかく動くことは動く。さいわいなことに、材料は銅であった）。

わたしは、自分で組立てをしてみようとした、――環をどちら側に向けて置けばよいのか、わからない（環は、直径のちがう二つの凹みのある円筒から出来ている）。今度分解されたとき、この点を注意して見ておけば簡単だ……実際に困難な点は、筋肉の力の弱さである。わたしは、ねじを弛《ゆる》めることすらできない。

ミシェルと話す。ルクレルクの技術上の能力について。「一部の機械については、なるほどくわしいが、ほかの機械については、だめだね」。職工ではない。わるい人ではない。――「いずれ、とばされるんだろうな」。――

わたしは、かれから部品をもらっていたが、この機械では、うまく行かない部品だった。

七月二〇日《ママ》、金曜――ねじ止めの受け座、鋼鉄、七〇五一六三四／〇五四六四一／フライス一・五号。

五フランで一〇〇〇個、すなわち六フラン（調整はなかなかうまくはかどらず、しかもあまり満足の行くものではない）。

栓七個（小）／七〇五〇八四六／〇四一七八四／フライス一・五号。

五フランで三〇〇〇個、すなわち一六フラン（わたしは調整を三つ、うまくやってのけようとしたが…）。

ねじ五×二二（たぶん）／七〇五一五五一／〇三九六六〇／フライス一・二号。

〇・〇〇四五で五五〇個、すなわち二フラン二五プラス〇フラン二三五プラス一フランで、三フラン五〇（おおよそ）。

ベルト車止めねじ／七〇五〇二五三／四五七五九／フライス一号。

〇・〇〇五で五〇〇個、一mあたり一フラン七五、すなわち三フラン七五。

六フランプラス一六フランプラス三フラン五〇プラス三フラン七五で、二九フラン二五。

九時間かかった。すなわち一時間あたり三フラン二五（二七フランプラス二フラン二五、ちょうどだ）。しかし、実際は八時間（洗浄の時間を差引き）、そのため三フラン五〇以上になる。正確には三フラン六五になる。しかし、事実、わたしは鉄ねじを、昨日中に大部分作り上げてしまっていた……

土曜――はげしい頭痛、胸をしめつけられるような苦しみの状態、午後ややましになる（それでも、B……の家へ行ったときには、泣き出してしまった）。

日曜――イタリア美術展。

二三日《ママ》、**月曜**――金曜日の部品を完成（一五分間で一〇メートル）。自分ではじめて組立て（ただし、据付《すえつ》けは除く。完全に仕上げられず、調整工を呼んで、来てもらうのを待たねばならなかった［ベレー帽の男］）。それから、組立ての変更、フライス盤ではなくった。もちろん調整工を呼ぶ――据付けを正しくするためにメガネをかける（いつもはやらないことだ）。しかも、スリットの深い所を調整するのには、ずいぶんと時間がかかる。一〇時半に終った。そこで、わたしは一〇〇〇個の型板を仕上げた（三時間かかって、五フラン七〇の収入）。新しく、一〇〇〇個の型板。赤銅製の「凸面」のある部品である。その中の一部のものが、装置にピッタリとはまらない。歯を二枚欠けさせてしまう……一二時になって、やっと新しく二〇〇〇個の型板（真鍮）に手をつけることができたという状態だった。かせいだ高は、一フランプラス三フラン七〇プラス一フランプラス五フランプラス一フランで、一一フラン七〇。型板を完成し終えたら、二〇フラン七〇にはなるだろう。わたしは、あとまだ、二〇〇〇個は余計にやらなければならない。……

循環導管の栓――赤銅、六〇〇二四〇〇［／〇七一八四三／フライス一・五］。

三フラン七〇プラス一フラン、すなわち四フラン七〇で、一〇〇〇個。

同右、さらに小型の品、［七〇五〇八四六／〇四一七八七、］五フランプラス一フラン、すなわち六フランで一〇〇〇個。

午後。

真鍮ねじ、七〇五〇〇一〇／〇七九六五八（フライス〇・八）。

四フランプラス一フラン、すなわち九フランで二〇〇〇個。

栓（大型）六〇〇二四〇〇／〇七一八四四。

三フラン七〇で一〇〇〇個、すなわち四フラン七〇。

同右、〇七一八四八。

三フラン七〇で一〇〇〇個、すなわち四フラン七〇。

真鍮ねじ七〇五〇〇一〇／〇七九六五二／フライス〇・八。

やっと手をつけたばかり。

収入、四フラン七〇プラス六フランプラス四フラン七〇プラス四フラン七〇プラス一フランプラス九フランで、三〇フラン一〇。

わたしが〇七一八四一号を完了して、八四八号に着手したばかりのとき、わたしはルクレルクから呼ばれた。いきなり、わたしに怒鳴りつける。つまり、わたしがこの部品を、かれに何も話さずにやりはじめたからだ。番号をたずねられたので、わたしは自分の帳面を持ってきた。かれは、それを見ると、たいへんおだやかな、親切な態度になった。


火曜――ねじ作り、四フランで二〇〇〇個。

次いで、ねじC四×八、鉄製／七〇一〇一〇三／〇四三四〇九／フライス一号。

四フラン五〇で五〇〇〇個、一mあたり一フラン、つまり二三フラン五〇。

二三フラン五〇プラス八フランで、三一フラン五〇（二日間で六一フラン六〇。すなわち三〇フラン八〇の倍、つまり、一時間あたり三フラン〇八）。

収入、三日間で二九フラン二五プラス三〇フラン一〇プラス三一フラン五〇、すなわち九〇フラン八五、その計算、

二八［二九］時間
二八×三で、八四
二八×〇・五〇で、一四
［二九］　［八七］
二八×〇・二五で、七
八四プラス七で、九一。だから、わたしは、平均三フラン二五やったことになる……

C四×八。一一時に開始――五時まで。わるいフライス盤で、四五分後（煙を出す）。しかも、やっと二時間半もたってから、ミシェルはそれを取り替えてくれた［このことはわたしもわるかったのだ。どうして、もっとはやく交換してもらわなかったのか。怒鳴りつけられるのが、こわかったのか……］。ミシェルは、このフライス盤は逆に使われていたのだと言う（本当にそうか）。二度目の機械は、かれが据付けてくれたのだが、あまりよく保たない（のこが新しくて、大きすぎるのよ、第一号にくらべるとね、ととなりの女

工が言う）。四時に交換、そのあと、六時までともかくがんばる（歯を二枚欠けさせた）。質のわるいのこを使って仕事をするのは、つらい苦しいことだ。そしてまた、自分が完全にロボットになってしまわないのは、そのためでもあると自分に言い聞かす……

——フライス盤をこわしたので、怒鳴られる（新入りの者の気持について、スペイン人の話）。

水曜——〔C四×八／七〇一〇一〇三／〇四三四一五〕

スペイン人のむすめの不幸（彼女の部品——そのフライス——新しい調整工——ルクレルク）。

前の日の晩、のこ——六時に、ベレー帽の調整工が組立てたもの——が、七時一五分には弛んでしまっていた。弛んでいるということは、通りがかりに、かれに言っておいたのだった。ところが、今また弛んでいるのを発見した。そこで、かれを呼んだ。かれはなかなかやって来なかった上、——わたしにむかって怒鳴りつけるのだった。わたしがおさえすぎたためだろうと言う。わたしは、そうじゃないということは、ほとんど確信をもって言える（なぜなら、のこをこわしてはと、わたしは前から、それはもうビクビクしていたのだから）。かれにも、そう言った。かれはなおも、怒鳴りちらすことをやめない（もっとも、それは遠まわしにあてこすりで言うのだけれど、かれという人は、声も高くしないのだ)。こういう出来事があったので、しばらくの間というもの、わたしは心が凍りつくようだった。わたしとしては、かれもまた仲間の一員とみなしたいと思う気持で一ぱいだったのだから……。一〇時に、やはりかれの組立てた新しいのこが来た。かれは、組立てにおよそ二〇分位かかった。ところがいきなり、奥の方のモーターがとまってしまった。一一時近くまで待たされた［わたしは、前日の五〇〇〇個はすでに完了し、(そのためのケースも)八時半には(見つけていた)］。わたしは、給料の支払いが今日だということを知った。わたしは、てっきり明日のことだとばかり思いこんでいたのだった。わたしの心にはよろこびがこみ上げてきた。おかげで、食いはぐれずにすむだろう……。昼にはもうなんの遠慮もしなかった(タバコを一包み——果物の砂糖煮……)。

三時にたいへん困った出来事が起こった。わたしのこの歯を一枚欠かしてしまったのだ。自分でも、どうしてこんなことが起こったかはよく承知している……へとへとに疲れ切っていたわたしは、M……における自分の疲れのことをぼんやり考えていたのだ。アドリアンのことを、——かれの妻のことを、——ジャンヌがわたしに言ったこと、ミシェルが彼女をくたくたになるまで酷使するという話を、——トロツキイの青春時代のことを(「なんとまあ不名誉な……」)。そしてひいては、人民主義とマルクス主義の二つからかれが選択したということなどを……考えていたのだ。——まさに、そのとき、わたしは、装置の中へはまり込まない何かある小片を機械の上へ置こうとしていたのだ(削りくずだったのか、それとも鋳物のまくれだったのか)、とにかく、わたしはその小片を、フライス盤の上へ押しつけたのだ……おお、もちろん、わたしにはフライス盤を取り換えてもらおうなどということは思いもよらない——スペイン女*は、ミシェルに手を貸してもらえと忠告する。わたしは、かれに話してみたのだが、かれはとうとう、その晩は来てくれなかった。わたしは、七時まで、そのままフライス盤を使った。ありがたいことに、機械はなんとか、もってくれた——けれど、わたしがどんなに慎重に機械を扱ったかは、言っておかねばならない。五時頃に、機械はまた弛みを生じた。わたしはもちろん、だれをも呼ばなかった。自分で機械を締め、全然中央部を使わずに、二〇〇個ないし三〇〇個(あるいはもう少し多くあったか)を仕上げた。それから、わたしは一大決心をして、なんとか自分ひとりで機械を正しく真中へ置きなおすのに成功した(ただし、そのために、製品の一つを使用した)。

＊訳注　原語はギリシア語。

払い二五五フラン(わたしは、二〇〇フランも得られないのではないかと、心配していたのだが……)、八一時間に対して。

夜、眠れない。

木曜——なお、半時間ないし四五分間のこ
ではたらく。そのあと、ミシェルは、自分で調整した機械ののこ部をとりかえるついでに、わたしののこも、とりかえてくれた。わたしは自分で組立ててみたが、正しく真中へ据えつけることはなかなかできなかった。結局、それに見切りをつけ、さいごはメガネの調整工に助けを求める有様だった。それは、九時に終った。朝のうち、苦しかった――足がずきずき痛んだ――わたしは、もう、何もかもが、いやでいやでたまらなかった……（このC四×八の部品を扱っていると、いらいらする。フライスをこわすかもしれないという危険性がいつもあり、つねに完全に心を空しくしていなければならないから……）。三度ばかり、はっとさせられるようなことがあったが無事。一一時に――ちょっとした動き、ちょっとした言葉に、わたしの注意力がそらされていたためかもしれない、――悲劇的な大事件、歯が欠けてしまったのだ。さいわいなことに、次に取りかかる仕事は、フライス一、二号を必要とするものだった。だから、さらにそのあとで、取りかかる仕事に……さえなかったら……

正午に、部品が一個浮きあがって、フライスが弛んでしまった。

わたしは、良心にやましいところがないように、やりとげようと思うのなら、精神的に自分をもう一度しっかり立て直さねばならないという感じを強く持った。それで、わたしは、自分で責任をになおうと思った。

一時半に、わたしはフライスをしめ、自分で正しく真中に据えた［このことは、前日にはやれなかったことだ］。昼食のとき、とにかくじっくりと、それをやってのけてみせよう。ベレー帽の調整工が修理してくれた［既製の製品を一個、利用した］。ベレー帽の調整工は、親切そうに、それをしらべてみて、ちゃんと出来上っているのに、自分でさいごに締めてみせた。二時に終了。同じ調整工がわたしに新しい部品を組み立ててくれた。二時半に出来あがる。

二時半―四時半、調子がよくない――ミシェルを呼ぶ――かれの説明、かれと話す。ベレー帽の調整工が修理してくれた。

四時半―六時半、わたしは、二〇〇〇個の中の残りのものにかかりきった（そのうち、たぶん二〇〇個ぐらいは仕上げたかと思う）。

仕事をもらいに行った。ルクレルクはたいへん親切だった……今度の仕事は、一号フライスを使ってする仕事なので、――C四×一の鋼鉄ねじ――わたしは自分のフライスの状態を思いあわせると、どうも困ったなという気持だった。七時三分に〇・八号、一・五号、それに歯の欠けた一号を、一緒に交換してもらいに行った。うまく交換してもらえた。こうしてわたしは、まっさらの、すばらしいフライスを手に入れることができたのだ……。しかし、わたしはまだ、五〇〇〇個もの厄介な部品を仕上げなくてはならないのだ（もちろん、全部がまったく同じものではないのだが）。さあ、用心してやらなくちゃ……

フライスが矢印で示した方向へとずれて行く。ただ一つの円錐《えんすい》上に組立てられているので、結果として、みぞがきちんと真中に来ないばかりでなく、だんだん浅くなってくる。

図6

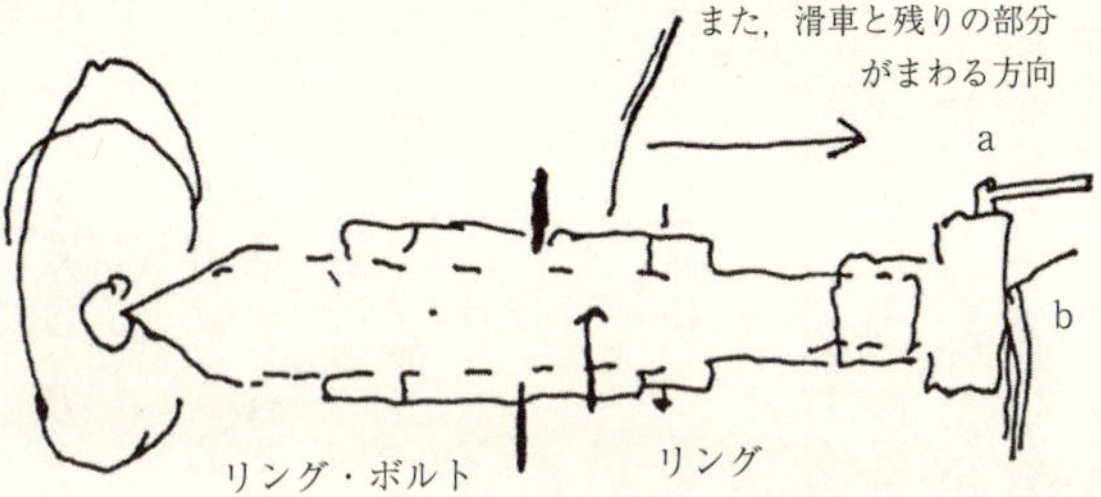

どうかすると、みぞにならないこともある。

原因、端の方が十分締まっていないため——または、フライスの摩滅——または、職工があまり強い力で、押さえるため。

あまりに強く力を入れると、フライスの回るのが、滑車や軸よりもおそくなり、まるで、反対方向に回転させているような具合になるからである。

このほかに、調整が十分でない場合に起こるさまざまな現象。

まわりのリングがゆるんでも、フライスは止まる(または、リングの締めかたが十分でなくても、おさえかたが強すぎても同じである)。

軸の端の方があまり締めつけられると(aが十分締められていないと、bが自動的に締めつけられることになる)、フライスは(軸や滑車とともに)止まる［いずれも、調整の不備のため］。

その日の出来事の原因は、一つに装置の締めかたが十分でなかったことによるのだと、わたしは思う。フライスは、回転しながら、深く掘り込んで行かねばならなかったのであり、そのために、つい強い力がかかりすぎたのだ。

正午に、うれしい知らせ。「休み」の掲示が出た、それによると、「工員諸氏は……」とにかく、土曜日は休めるのだ。

夜、この一週間ずっとおさまっていて安心していた湿疹《しっしん》が再発して、はげしくおそいかかる。

この二日間の収入、四五フランプラス二フランプラス一二フラン（だと思うが）で、五九フラン……（または五八フラン）。一時間三フランにもならない……

金曜——前の日、ベレー帽の男がさがしていた部品を、わたしのために組立ててもらう。組立てられている間に、重さを計る——二五〇個の追加。ルクレルクは、それを仕上げよと言う——八時一五分に着手。一〇時半頃には、ほぼ二〇〇個を仕上げた。フライスの交換をしてもらう。待たねばならなかった——一一時一五分に再び開始。午前中に仕上げた分は、三〇〇〇個以下であった（すなわち一四フラン、もしくはそれ以下——一時間三フラン以上にはならない）。たいへんつらい仕事。しかし、昨日みたいに、精神的にうちひしがれてしまわないようにがんばる。けれども、肉体的には、具合はいっそうよくないようだ。昼食後（力がつくようにと思って、五フラン五〇も費して食事をした）、ますます悪くなった。目まいがし、頭がくらくらする――仕事も無意識でする。さいわいなことに、今度の部品は、C四×八みたいに、はねあがったりしない……。二時から、二時半までの間、ほんとうにこのまま卒倒してしまうのではないかという気がした。とうとう最後に、わたしは決心して、仕事の速度を落とし、そのために、いくらかましになった。四時がまわってから、終了（四時一五分、または、四時半）。ルクレルクが、超過勤務の二五〇個分はどこにも記入しないようにと言う。その分については支払ってもらえないらしいのだ（その分は、ほかの所できっと失敗するにきまっているから、とかれは言うのだ……）。そして、わたしに「割のいい仕事」を与えてくれる。四フランの長い真鍮のねじ。そのための機械調整の時間、五時まで。五時半に、機械を洗うために一時停止（六時半に開始する）。まずまずほかの仕事にくらべれば、快適な時間、ただし最初のうち、はやくはやくとせき立てられたのは、苦しかった。

ベレー帽の調整工と話す。かれは、人の話では、どうやら、わたしに興味を持ちはじめているらしい……

ねじ、C四×一〇、鋼鉄／七〇一〇一〇五／〇四一九一八／フライス一号／四フラン五〇で五〇〇〇個。

月曜日に賃金の精算。

全部の時間数、八時間プラス一〇プラス一〇プラス一〇プラス一〇プラス九プラス一〇で六七時間。

これまでの収入、九〇フラン七五プラス四七フランプラス一二フランプラス二三フラン五〇で、一七三フラン二五、とにかく、一時間三フランにはなる……

月曜日には、一時間四フラン五〇をかせぎ出さねばなるまい……四フランのもの四〇〇〇個、で一八フランにはなるだろう（型板二枚）。そうするとあと、残りは、二七フランだ……この四〇〇〇個を、せいぜい長くかかっても、三時間で仕上げねばならないことになる。そのあとでまた、五〇〇〇個を仕上げなければならない……。とても、できそうにない。

日曜、夕方——一一時四〇分に帰る。床につく。眠れないままに、真夜中の一二時半頃、わたしは上っ張りを忘れてきたのに気がついた。それから、いっそう眠れなくなった。五時一五分に起き、五時四五分に家へ電話する。地下鉄に乗って、トロカデロまで行き、そしてまたもどってくる（人にもまれながら、全部で四〇分かかった）。そのために、疲れて、頭が痛い。

月曜——今夜か、それとも明日には、脱出しなければなるまい。頭が痛い。やっと正午に四〇〇〇個を仕上げただけ……（それに、一時半から一時四五分まで、まだ一五分間もそれにかかっていた)。

またも、木曜日と同じように、機械の調子が狂った。けれども、フライスは、まったくの新品なのである。リュシアン(ベレー帽の調整工)はまた(ずっとおだやかな調子ではあったが)、わたしがおさえすぎるからだと言う。しかし、事実はかれの締めかたが十分でなかったせいだと、わたしは確信している。何はともあれ、わたしは気がつかなかったが、フライスは既に金曜日の夕方にははやくも調子がおかしかったので、そのために、フライスにかけられながら、全然細工されていない部品がいくつか見出されるような有様であった。そこで、わたしは、部品を選り分けて、もう一度やり直しをするのに、時間をつぶさねばならなかった。

それにまた、例のスペイン女が新しい機械を与えられたので、潤滑剤入りの石鹼液を取りに行くのについて行ってやったので、そのために(少なくとも)たっぷり一五分はつぶしてしまった。石鹼液が一ぱい入ったバケツは、非常に重く、とても彼女ひとりでは持ち運びできるものではなかったし、機械の配分をする係の職工の命令で、バケツはぜひともそなえておかねばならなかったからである。

こういうことがあった後では、——スピードをあげるという点に関しては、——リュシアンにあんなふうに咎《とが》められてみると、気持がくじけるのはどうしようもなかった。ああいうことが二度起これば、事態がいよいよ悪化して行くのははっきりしている。別にどんな下心がなくても、自分の全力をふりしぼってもっと調子を上げて行こうという気が全然起こってこないときには、いつもそうであるように、わたしの速度は落ちた。いずれにせよ、とにかくそれで四×四、すなわち一六フランプラス二フラン（のはず）の組立て作業になる（型板二枚）。

真鍮ねじ、七〇五〇〇一〇／〔〇七九六五五／フライス〇・八号／〕四フランで四〇〇〇個／〔一フランで二m〕。

つづいて、四〇〇個（全部で一〇〇〇個のうち、スペイン女がのこり六〇〇個を引受ける）、その型板は、水曜日にならなければ、手に入らない。

鉄止めねじ、七七四八一五／〇〇〇九八七／〇フラン五〇の割で、四〇〇個／タイム一フラン二五／フライス一・二号。

わたしは、この仕事を、スペイン女の小さな機械で仕上げた。スペイン女は、ほかの配置についていた。メガネをかけた調整工が、わたしが真鍮ねじをやってしまっているうちに、機械の調整をしてくれた。昼少し前のことだったが、かれがわたしのために機械の準備をしてくれているのだということを、わたし自身まだ知らされていなかったのに、いきなりわたしにむかって、フライス盤をかわり、部品を取りに行けと命令するのだった。その権柄《けんぺい》ずくの口調たるや、有無を言わさぬものだったので、わたしは何も言わずにはいはいと従ったのだが、そのために、出がけにわたしの心の中には怒りと苦々しさが波のよう

に高まってくるのをおさえようもなかった。こういう生活をしていると、怒りや苦々しさ
の波を、いつも自分の心の奥深くにかくし持たずにいられないものだが、その波はともす
ると心の表面に溢《あふ》れ出ようと待ちかまえているのである。ともかくも、わたしは気をとり
直した。この男は、無能な人間なのだ(専門工だと、スペイン女が言っていたのではなか
ったか)。だから、いかにも上役気どりの口のききかたをしなければならないのだ。
わたしが、その仕事に着手したのは、一時四五分だった。その機械は、わたしにはじめてのものだった。その仕事には、一時間近くかかったと思う(スペイン女だったら、六〇〇個を二〇分間でやってしまうだろう)。それから、わたしは型板をもらいに行った。そのために、時間がつぶれた(型板はなかった)。若い男が、部品を四〇〇個受けとりに来ていた。わたしは、ルクレルクの所へ行って、型板がないことを言おうとした。だれかわたしの知らない男(灰色の上っ張りを着ていた)が、かれとしたしげに話していた。わたしに理解できたかぎりでは、どうやら、ルクレルクが、これから人を叱りつけに行こうとしているらしい話だった。かれは、わたしがそばにいるのを見て不きげんな様子だった(その気持はわかる)。かれのきげんが悪いので、わたしは、部品をくれとたのむのを忘れてしまった。それから、かれは工場の方へぶらぶら出て行った。わたしは、そういうかれを追いかけて行って、この前みたいにすげなくことわられる危険をおかしたくなかった。こうして、わたしは四五分間をむだに費した(それはまた、先に四〇〇個の部品をくれた

旋盤の調整工をさがしに行っていたためでもある。もっと部品がないかをたずねるためだった。けれど、その調整工は見つからなかった)。

ルクレルクがとうとう、C四×一六をくれた。

ねじC四×一六、鉄、七〇一〇Ⅲ/〇一三二五九/四フラン五〇で五〇〇〇個/タイム一時間/フライス一号。

それでもとうとう、埋め合わせにわたしはミシェルを見つけてきて、自分の機械の調整をしてもらう。もう三時半だ。わたしはついに、型板の仕事にかかることができずにしまった(精算の日だが、三時までにかからなければ、精算に組み入れてもらえない)。こうして、わたしは、仕事が遅れていた上に、それを取り返すことができるどころか(今日、わたしががんばってやって来たのも、何よりも遅れをとりもどすためだった)、ますます遅れがひどくなってしまった。こういうことを考えていると、スピードを出してやることなんかもうどうでもよいという気がしてくる。なぜなら、これからする仕事は、あと二週間たたなければ計算してもらえないし、わたしはその二週間ずっと働くことはもうないのだから。とすれば、わたしの一時間あたりの平均単価なんか出しても、何になるだろう。わたしは、頭痛のためにすっかり弱りはて、——自分では気がついていなかったが、——実にゆっくり、ゆっくり進んでいた。これらの部品を終了するのは、明日の昼頃にならないとできないであろう(それも、完全には仕上げられないだろう)。こうして一五時間

（あるいはそれ以上）仕事しつづけた結果は、一八フランプラス三フラン二五プラス二三フラン五〇で、四四フラン七五にしかならないのだ。

つまり、一時間あたり三フランをかせぎ出そうとするならば、わたしはこの一五時間に四五フランをもうけなければならなかったのだ。

精算、三時。

火曜——C四×一六を終了。

M・P・Rねじ、ゴルジェのところで（自動旋盤）。

M・P・Rねじ、六角形の大きい頭部をもつ（⬡）。それを、左右対称になるように、真直ぐにフライス削りがなされるように（⌽）位置を決めなければならない。そうしないと、部品がオシャカになる。非常に強い鋼鉄製である。部品を置くとき、どうかするとつい回してしまうことがある。午後ずっとかかって（それに、翌日も四五分間ついやして）、わたしはやっと、一四〇〇個の型板を仕上げたばかりである。（一〇〇〇個について五フランプラス賞金〔＝m〕一フランで、八フラン）、その間、横の機械で一〇〇〇個の太い真鍮ねじを作るために一時仕事を中止した。この真鍮ねじの型板は持っていないが、最大限四フラン五〇以上は支払われないことは確かである。すなわち、六時間一五分（もしくは、それ以上か）かかって、収入八フランプラス四フラン五〇で、一二フラン五〇。これはまあ、結構なことではないか。一時間あたり二フランというわけだ。さいわいなことに、水曜の朝には、病気にもかかっているだろう。

妊娠した女工のためのカンパ。みんな一フランないし一フラン五〇（わたしは二フラン）を出す。着がえ部屋で議論（一年前にも、同じ事柄のために、これと同じ場面に出くわしたことがあった）。「それにしてもさ、毎年のことじゃね――これはまあ、たいへんな不幸よ。それ以外の何ものでもないわ。それに、どんな人にだって起こってくるかもしれないことよ。――……わからないときには……しないにこしたことはないわ……」スペイン女が言う、「でも、そんなことはカンパをする理由にはならないと思うわ、あんたどう思う」。わたしは、「なると思う」と確信をもって答える。彼女もそれ以上、言い張らない。

月曜の夕方、明日の朝こそ、自分が病気だということをはっきり告げようと決心して、工場から帰ってきた。だから、その晩七時にサンドイッチを一個買い、それと、一ぱいの林檎《りんご》酒のほかは何もとらないように用心した。五時半に、（わざわざ）目をさました。火曜の朝は、小さなロールパンを食べた。昼にも同じくロールパンだけ、夕方も三個のロールパンだけしか食べず、よくねむることができるようにスペシアル・コーヒーを飲んで、歩いて、ポルト・ド・サン・クルーまで行った。ところで、こんなふうに摂生を守った結果、わたしは、何ともいえない心地よい状態にみちびかれた。……ただ、仕事をするときだけは、極端にのろのろとする。

水曜、朝――一四〇〇個のM・P・Rの型板を終了したが、そのうち二〇〇個は、新しい型板によって作った――五フラン、または五フラン八〇ぐらいか。非常にゆっくり、ゆっくりとやったが、どういうわけか奇妙にも心は反対に動き、楽しい快適な気分だった。ルクレルクとゴルジェ［自動旋盤の班長］、一〇〇〇個の真鍮の型板。ルクレルクの言葉、「止めようと思うのなら、やめてみたまえ」。

収入、二七フラン五〇プラス一フランプラス一フランプラス四フラン（だと思う）プラス一フランプラス七フラン五〇（だったか）で、三七フランまたは、四〇フラン六〇／理論上では、一一時間半かかって［三四フラン五〇……］。

月曜―火曜――ねじ、C四×一六、鉄／四フラン五〇で五〇〇〇個プラス賞金一フラン／フライス一号、七〇一〇Ⅲ／〇一三二五二、フランジ固定。

M・P・Rねじ、鋼鉄、五フラン八〇で四〇〇〇個プラス賞金二フラン、一・五／七四七三二七／〇四六五四三。

麦角止め金具、鋼鉄、四フラン五〇で二〇〇〇個プラス二フラン（だと思う）／七〇五〇一二九／〇九九九三七／フライス一号。

二三フラン五〇プラス二三フラン二〇プラス二フランプラス九フランプラス二フランで、五九フラン七〇。

三七フランプラス五九フラン七〇で、九六フラン七〇、一一時間半プラス二〇時間半で三二時間かかって。三二掛ける三で、九六。

だから、最小限三フランを目標にすること、それでわたしはその日の分は、ちゃんとやりとげたことになる……それでも、先の二週間分について、まだ一二フランの遅れをとりもどさねばならないだろう。

いろんな偶然の出来事、ゴルジェのこと、……ミシェルのこと、……白い糸で縫われたジュリエットのいたずらのこと……

月曜日、完全な病気。帰ってきたとき自分でも思いもよらなかったほど、苦しみははるかにもっとひどかった。毎日毎日が、永遠につづいて行くように思われる。暑さ、……頭痛……このC四×一六のねじは、わたしをぞっとさせる。これが「割のいい仕事」なのだ。しかも、大いそぎで仕上げねばならないのだ。それが、わたしにはなかなかできない。やっと終了したのは、もう三時半になっていたかと思う。からだの衰え、ぐたぐたに疲れさせる労働の苦しみ、嫌悪感。しかも、つねにフライスにガタを来させないかという心配。そんなに心配していながらも、フライスのガタがおこる。フライスの交換をしてもらうために待つ時間。わたしは、はじめて自分ひとりでフライスを交換するのに成功した。そして、フィリップも、うまく真中にはまっていると言ってくれた。こういう勝利の快感は、スピードをあげることよりも、もっとすばらしい。わたしはまた、不快な経験を一つ、ことあたらしくしでかした後に、自分でねじや端のクランクの締め具合を調整することを学び知った。リュシアンは、どうかすると、時にそれを締めるのをすっかり忘れてしまうことがある……M・P・Rねじ。ミシェルはわたしをうさん臭く思っているらしい。かれは、自分ではその調整をしてくれないが、メガネの男がしてくれる。わたしは、以前よりもいくらかはやくその仕事ができるようになったが、それでもまだまだ、実にのろい。

水曜――鋼鉄の留め金、フライス一・五号。

C〇〇一二六八号	〇〇九一八二	一〇〇〇個	四フラン五〇の割（二装置）
	〇九七三八四	――	
	〇九七三八五	――	

赤銅、循環導管プラグゲージ、一〇C・V、フライス一・五号。

C〇〇二四〇〇号	〇七一八五三	一〇〇〇個	三フラン七〇
	五〇	――	
	四七	――	

四フラン五〇×三プラス三フラン七〇×三プラス三フラン……一三フラン五〇プラス一一フラン一〇プラス三フランで、二七フラン六〇、一〇時間半仕事をした。だから、あと四フラン不足。

木曜――鋼鉄ナット締め、八C・V、フライス一号。

七三七八八七／〇八四〇九七、四フラン五〇で三〇〇〇個、賞金一フラン。

赤銅、循環導管の栓、フライス一・五号。

〔六〇〇二四〇／〇二一一二九／一〇〇〇個三フラン七〇プラス一フラン
七〇五〇四六／〇五八五二六／　――五フラン　プラス一フラン
六〇〇七九〇二／〇三六一〇七／　――三フラン八〇プラス一フラン〕

一三フラン五〇プラス三フラン七〇プラス五フランプラス三フラン八〇プラス四フランで、三〇フラン。不足一フラン五〇。

だから、全体で五フラン五〇不足。たぶん前の週におぎないがついているはず。

「留め金」のことで、偶然の事件。ミシェル、木曜の朝。

重苦しさ、水曜と木曜、さわやかで楽しい気持、木曜の夕方。すばらしい……

留め金は、前日の五時からすでに、着手していたものだった。火曜日には今にも倒れるのではないかと思ったことだが、それほどまであの日はうっとうしい天気で、わたしもからだ中が火のようにあつく、頭が痛かった……。ジュリエットが「フライス一・五号を」とわたしに言う。わたしは、一号のフライスをはずして、そのうち二個を交換してもらいに行き、一個をフィリップに渡して、あっさりとこう言う。「一号フライスです」。

ルノー工場にて。

ランジュ。工場長——むかし調整工だった——秩序と清潔さを、極端に好む。ただし、……ことは別だが。いつも眉をひそめている……班長連中のうやうやしい態度。わたしに対しては、まずまず親切だ。

ロジェ（ルクレルクに代わった男）、きりもみ工の調整係。

フィリップ。粗野な男、旋盤の調整工。

大きい眼……背の高い、金髪の男、もう一人の旋盤の調整工。

メガネの男……

男の工員。アルメニア人、第一番目の機械のそばにいるフライス普通工、親切でおとなしい職工で、「戦争に行く女たち」のことで冗談を言ったりする。イタリア人、先の男のかわりにやって来た（感じのいい男）。

女の工員。ベルトラン——もう一人のとなりにいる女（ジュリエット）——新米の女

――ミシェルといちゃついていた女――子供が二人ある茶色の髪の背の高い女――旋盤工の老女――イタリア人の妻――きりもみの女……

班長。
フォルタン、なかなか愉快な男だ……
ゴルジエ、自動旋盤、おどけ者で、感じのいい男。
ルクレルク。
エレヴェーターの前にいる班長――耐えがたいような威圧的な口調で話す。
ミシェル。
リュシアン。

この経験によって何か得るところがあったか。どんなものであれ、また、何に対してであれ、わたしはどんな権利も持っていないのだという感じ(この気持をなくさないように注意すること)。精神的に自主独立の心を保持していられる能力、このようにいつまでとなく続く潜在的な屈辱の状態に生きながら、それでいて自分では決してはずかしめられた気持を感じずにいられる能力。そしてまた自由な瞬間や、人々との連帯の瞬間があれば、そのたびごとに、こういう瞬間こそ永遠につづくべきものだと信じて、のこりなく十分にそれを味わいつくせる能力。人生との直接的な接触……
わたしは、もう少しのところで、挫けてしまうところだった。わたしはほとんど、うちひしがれていた、——わたしの勇気も、わたしの自尊心も、この一時期のあいだに、ほとんど失われてしまっていた。この時期のことを思い出すと、わたしははずかしめられた気持になる。もっとも本当のことを言えば、このときの思い出は、いまだにわたしからはなれ去ろうとしないのではあるけれども。朝は、非常な不安とともに起き上った。びくびくおそれながら、工場へ出かけた。奴隷のように働いた。昼休みには、胸の張り裂けるような苦痛で一ぱいだった。五時四五分になると、さっそくたっぷりと眠って、朝は早く起きようという気持だけに心をみたされて、帰ってきた（十分眠ったことは一度もなかった）。時間が、耐えられないおもしのようにのしかかってきた。次にどんなことが起こるだろうかというおそれ——恐怖——のために心をしめつけられ、土曜日の午後と日曜日の朝にだけしか、そういうおそれから解放されなかった。何をおそれていたかというと、命令であった。

これまで、社会がつくり上げてきた人間的尊厳の感情は打ち砕かれてしまった。これにかかわる感情をつくり上げて行かなければならなかった（はげしい疲れのために、ともすると考えようとする能力すら、意識から消え去ろうとする状態ではあったが）。その感情をたえず維持して行こうと努力しなければならなかった。

こうして、最後に、自分というものがどんなに大切であるかをさとるのである。

その境遇はどんなであっても——だれの目——重んじられていない人たち……にも今後とも、何ごとが起ころうとも、重んじられることが決してない人たちの階級（『インターナショナル』のうたの第一節の最後の一行*にはそむくけれども）。

*訳注　『インターナショナル』は、国際的な社会主義者・共産主義者の革命歌であり、一八七一年、ウージエヌ・ポチエ作詞、ピエール・ドジェイテル作曲に成る。その第一節には、「たてよ飢えた者、過去を葬り、世界を根本から変えよう、最後の爆発だ……」とある（ねず・まさし氏紹介の大意による）。

ドウト……の問題（労働者の連帯）。

問題は、第一にその人たちが、話せる人間であるとか、第二に、生産する人間であるとかいうような客観的な条件にある。

人間というものは、自分自身の価値について、外にあらわれたしるしを、つねに自分のために必要とする。

重要な事実は、苦しみではなく、屈辱である。

おそらく、この点を、ヒットラーは自分の力をつくる足がかりにしたのだ（愚かな「唯物論」が……しているのとは反対に）。

［もし、サンディカリスムが、日常の生活において、責任感を培養するようにつとめていたとしたら……］

次のような観察の結果を決して忘れてはならない。わたしは、このような一見粗野な人たちの中にも、いつも高邁《こうまい》な心を見出してきたし、また、この心と直接に通じあう、ひろいものの見方のできる能力を見出してきた。〔以下訳出されていない部分あり。〕

あきらかに苛酷《かこく》で、容赦しない抑圧によって、ただちにどういう反動が生じて来るかというと、それは反抗ではなく、服従である。

アルストムでも、わたしは、日曜日にだけしかほとんど反抗的な気持にならなかった。

……

ルノー工場では、もっとがまんづよい態度ができるようになっていた。服従よりもさらにすすんで、何ごともあきらめて受け入れるようになっていた。

工場のふしぎ*

*編集部注　この項は底本では一〇六ページ「職を求めて」の前に置かれていたが、現行版原書等を参照し手稿の番号に従って位置を移した。

一　機械のふしぎ

ギエヌフの場合——、数学の勉強をしなかったら、機械は、労働者にとって一つの神秘的存在になる。機械においては、いろんな力がバランスを保っていることがわからないのだ。だから、機械に対して安心感を持てないのだ。その例、取扱う金属が別のものになったとき、旋盤《せんばん》につける工具を変えないで、鋼鉄でもニッケルでもどちらでも圧延できるような工具を、盲滅法にさがし出してきた旋盤工のこと。ギエヌフにしてみれば、要するにただ切ればよいので、脇目もふらずただそのことだけを目ざす。また、まるで迷信じみたうやうやしさで機械を扱う者もいる。ある機械がうまく動かないという場合も同じだ。とにかく、何か手当をほどこさないといけないということは、職工でもわかるだろう……しかし、かりに修理をしてみたところで、たいていの場合、なるほど機械は動くようになるかもしれないが、さらに損耗《そんもう》の度がはやくなるか、またもや故障を起こすことが多い。技師なら、こんなことは決してしない。必ずしもいつも微分学を駆使するとはきまっていないが、物質の抵抗度をしらべるのに、微分の公式を適用し、いろんな力がそれぞれ限定された動きをしている機械について、明確な観念を得ることができる。

動かないプレスとジャコの場合もそうだ。ジャコにとっては、明らかに、このプレスはふしぎな存在なのだ。同じく、プレスが動かなくなった原因も神秘的なのだ。単にその原因の要素がわからないというだけでなく、いわば事柄それ自体が不可解なのだ。機械は動こうとしない……まるで、機械がいやと言っているみたいだ。

プレスのときに、わたしにはどうしても理解できなかったこと。ジャコ、そして、プレスが一〇度もつづけざまに、打撃をくりかえしたこと。

二 製造のふしぎ

もちろん、労働者は、各部品がどんなふうに使われるのかを知らない。㈠その部品が他の部品とどのように組み合わされるか、㈡その部品に対して、どのような一連の操作が加えられるのか、㈢全体がさいごにどんなふうに利用されるのかを知っていない。

また、それだけではない。仕事それ自体における原因結果の関係も、理解されていない。

一つの機械が、どういう役に立つのかなどということは、まるでわからない……

三 「こつ」のふしぎ

回路から、わたしは、型板の取除きをしなければならなかった。初めのうち、木づちで打って、型板を分離することができなかった。そこで、これまでほとんど使ったことのないて、この原理について、じっくり考えてみた。……そのあとでは、たいへんうまくやれるようになった。けれども自分がどうしてそのやり方を学んだのか、どんなふうにやっているのかはまるで気にもとまらなかった。

機械仕事において（そのほかの場合でもそうではなかろうか）手を有効に用いることがどんなに大切であるかが、十分言いつくされていない。一つの手は、それぞれ、ただ一つの作業だけしかしてはならないのである。たとえば、金属バンドの仕事の場合など、片方の手で押し、もう一方の手で止め金具の上へおさえこむのである。薄い金属板は手でつかんではならない。手の上へふわっとのせるようにし、親指で止め金具の方へおしやるようにするのである。ベルト磨きでは、片手でおさえ、片手で引っぱって、ベルトが部品を回転させるように仕向けるといった具合である。

のぞましい改革

さまざまの機械工具が、同じ作業場の中に並んでいる。組立て場がその横にある。工場の配置は、全部の労働者が全体を見わたせることを目標につくられている（これによって当然、調整工のような制度の廃止が想定される）。

専門化は堕落をまねく。

職工についても――機械についても――工場内の分担についても〔技術についてもと言

えないか」。

工場の組織

腰掛けや、道具入れの箱や、油つぼなどが不足している。

時間の測定はでたらめである。それに、仕事は賃仕事で、給料はあわれな程であり、注文伝票を未完了にするまいとして、ぎりぎりのところまで自分の全力をふりしぼってやるので、完全に疲れきってしまう（たとえば、第七週の火曜日、ミミとの会話参照）。一時間二フランのためにへとへとになり、くたくたに疲れきるのだ。そして、それは、どうしてもくたくたに疲れずにはいられないような仕事をしているからではないのだ。ただ、時間測定係の気まぐれと怠慢のためなのだ。主観的な結果（給料）も、客観的な結果（完成した仕事）も、払っただけの苦労にみあうものではないのに、くたくたに疲れてしまうのだ。そこで、心のもっとも奥深くまではずかしめられた気持になり、本当に自分は奴隷なのだと思う。

ポメラとしては、時間測定係（スゥシアル）を高く買っている。管理者と女工たちのあいだにはさまったその立場を考えると、時間測定係の仕事はとてもつとまるものではないというのが、かれを大目に見ている理由だ。まず第一に、スゥシアルが女工たちの後にひかえていると、女工たちはふるい立つというのが、かれの言いぐさだ。それにまた、まちがってタイムが記録されるという問題がある。それにいったん完了した伝票の記入は、あとになって、訂正してもらうことができない。

どんな仕事にも、かぎられた数の、――それにごく軽微な――あやまちが起こることは避けられない。あるときには、工具を故障させたり、またあるときは部品をオシャカにしたりすることが、ありうる。工具については、仕事の種類によって起こってくる若干のあやまちは、いつもきまっている。だから、調整工が、どういう場合にあやまちが起こりやすいかを女工たちに注意しておいて、女工たちが安心して仕事ができるようにしてやることは簡単にできるはずである。

プレスにも専門があるかどうかをしらべておくべきではないか。その一覧表を作成してみること、――平押しプレス――ビオルの型打ち機。
G、〔グリヴォー〕氏、
X〔理工科大学の略称〕。船舶技師の出身。

「支配人は、いわば、責任を引き受ける機械である」、「支配人ほどばかげた職業はない」、「よい支配人が、何よりも、よい技師である必要はない。ただ人からでたらめを言われたりしない程度に、知っておればよい」。

D〔ドゥトゥフ〕氏。

X。土木技師。

最初は、支配人兼専務取締役。今では、自分の仕事を軽減するため、別に一人支配人をつくった。

製造技術のことは、なにひとつ知らないくせに、この企業の筆頭にのしあがった。一年間は、五里霧中だったらしい。

上役と官僚ども。

ムーケ（工場長）
時間測定係（スゥシアル、小柄な
　茶色の髪の男）
ビエイ夫人（たぶん）
　――ガラス張りの小室内

シアーヌ氏
……プレスの班長。

カツー　――　孔あけ工。

もっとも興味のある男は、もちろんムーケだ。

時間測定係は、憎たらしい奴で、女工たちに対しても、手荒なふるまいをしているようだ、――いつも、最下等の方向にばかり向かわせる――時間の測定もほとんどでたらめだ、――わたしはかれに話しかけたことは一度もない。ポメラは、かれのことを、少しもわるく思っていない。

ムーケとは、最初、五日間、部品から型板の取りはずしをするときに一緒にすごした。ムーケ――彫刻的な、苦悩のきざまれた顔をしている、――どこか修道僧みたいなところがあり、――いつも緊張していて、――「今晩、そのことを考えておこう」などと言う。陽気にしているのを見たのは、たった一度きりだ。

調整工。

イリオン（主任）――レオン――カツー――ジャコ（職工にもどった）――ロベール――ビオル。

女工たち。

マダム・フォレスチエ――ミミ――ミミの妹――トルストイ崇拝の女――ユウジェニイ――その仲間のルイゼット（子供が二人ある未亡人）――ネネット――赤毛の女（ジョゼ

フィーヌ）——ねこ——子供が二人ある金髪の女——夫と別れた女——子供を火傷させた母親——わたしに小さいロール・パンをくれた女——慢性気管支カタルにかかっている女——子供をなくし、子供がなくなったのをよろこび、最初の夫を結核で、八年前「しあわせにも」なくした女（ユウジェニイのことだ）、——イタリア人の女（だれよりも一ばん感じのいい女）——アリス（だれよりも一ばん虫の好かない女）——デュボワ（ああ、母さん、あなたに見られているみたいな気がします）——病気で、ひとり暮しをしている女（わたしに、ピュトーの住所を教えてくれた）——歌をうたうのが好きな、ねじ切り工——子供が二人と病気の夫があるねじ切り工。

ミミ——二六歳——八年前、（アンジェで知り合った）土建屋の青年と結婚、男は腕の立つ職工だが、シトロエン工場で二年間働いたあと、今は失業中。アンジェでは、織物工場で働いていた（日給一一フランだった）。六年前から、A……の家にいる。「生活費をかせぎ出す」のに必要なスピードを身につけるのに六カ月かかった——その間、彼女は、自分はとてもそういうスピードには達せられないと思いこんで、何度も泣いたことがある。スピードもはやく、上手に仕事もできるのに、いつも神経質ないらいらした状態で（仕事に失敗しないかを心配して）、それからあと一年半働きつづけてきた。二年たってやっと自信もでき、くよくよ気に病むこともなくなった。

彼女から最初に聞いたその思想の一つに、（自分が何をしているのかわからないのでいらいらすると、わたしが言ったときだった）「わたしたちは、機械と同じように扱われているのよ……だれかほかの人が、わたしたちにかわって、考えてくれるのだわ……」（これはまさに、テーラーの言葉である。しかし、深い悲しみをこめて、彼女はそう言った）。

職業上の自尊心はない。たとえば、第六週の木曜日の彼女の返事を参照。

ほかの者にくらべると、ふつうの者よりもずっと下品なところがない。

ネネット（A……夫人）、三五歳ぐらいか。一三歳の息子と、六歳半の娘がある。未亡人。一軍の兵士たちの顔をも赤らめさせるほどの冗談や内緒話が、彼女の会話のほとんど全部の内容である。活気にみち溢《あふ》れ、人なみはずれた生命力の持主。腕のたつ女工。たいていいつも、四フラン以上はもうけている。工場へ来てから、二年になる。

それでいて、しかも、――教育に対しては非常な尊敬をいだいている（息子が、「いつも本を読んでいる」ことを話す）。

いささか品のないその快活さも、彼女が仕事にあぶれて、ほとんどずっとひまだった週には見られなかった。「お金を出すときにはちびちびと払わなけりゃいけないよ」。

息子のことではこう言う。「あの子を工場へやらねばならないと思うと、自分でもどうなることかと思えてくるよ」（けれども、皮相な見かたしかできない人には、工場にいるときの彼女は幸福そうだと思えるかもしれない）。

ジョゼフィーヌ。

ユウジェニイ。

男の職工たち。

倉庫係（ポメラ）。

その身の上話。田舎で生れた——一二人も子供のいる家だった。——九歳のときには、牝牛の番をした——一二歳で、卒業証書を手に入れた。*戦争前には、工場で働いたことは一度もなかった。ガレージで働いていた——年季《ねんき》奉公《ぼうこう》をしたこともないし、夜間の学校で学んだもの以外にはどんな専門教育、一般教育も受けなかった。アルプス猟歩兵になり、小隊長として戦争に参加した（すでに結婚していた）。このとき、それまでに貯えたわずかばかりの金を使い果たし、その結果、除隊してから、工場で働かねばならなくなった。最初の四年間かれが何をしていたのかは、わたしは知らない。けれども、その後、別の工場で、六年間、プレスの調整工をやった。最近の六年間は、アルストムで、工具倉庫の倉庫係をしてきた。どこにいても、自分は悠々と暮してきたとかれは言う。それでも、このわたしがかれと同じようにながい間、機械にかこまれてすごすようになってはいけないと言う。

*訳注　ふつう一四歳で八年の初等教育を終えた者が受けとる。

仕事。

注文に応じて、指定の工具を渡すこと（こんな仕事なら、だれにでも出来ることだろう）。

ときどき、注文の変更がされることがある。たとえば、三つの作業を二つの工具を用いて兼ね行なうことができるように、もっとちがう工具をくれと言われることがある。これは、会社にとって倹約になることである。こういうことが何度となく起こった（とすれば、どんなにかしっかりして、たのもしい人でなければならないことだろう）。たしかに、この人には、自分が重要な人間であり、だれからもうとまれるはずのない人間だという意識からおのずと生じてくる落ち着きがある。

教養。

技術としては、旋盤——フライス盤——調整などのことをよく知っている。こういうものをいかに扱うべきかについて、実にみごとに説明してくれる（調整工たちとのちがい）。一般教養はどうか。たいへん話がうまい。しかし、ほかにも何かすぐれた点があるか。

ヴァイオリニスト——背の高い金髪の男——かまど係の若者——『自動車マガジン』の愛読者——きりもみ工の親切な男——わたしにかまどの仕事をやらせた小柄な青年——若いイタリア人——わが「婚約者《フィアンセ》」氏——灰色の服を着た剪断《せんだん》の男——若い剪断工。ブルトンネ——新米の普通工——空中運搬係の青年——機械修理班の二人……［ビオルの機械と、イリオンの機械と」。

さて、そこで、*

*訳注　原語、ギリシア語。

労働者の連帯とは。名前をかくした連帯はない（例、ルイゼット……）。

労働者たちに、自分たちも、何か人に与えられるものを持っているのだという気持を与えること。

労働者の代表、馘《くび》切りの脅威に対する保障。

いろいろの特権。

――安全保障。

部分的失業者の組織。

――諸要求事項。

労働者の会計管理か。

会計報告のついた日記か。

技術革新と、組織の刷新か。

会議か。

浪費防止のための奨励金か。

賞賛のことば。どうしてまた、そういう余計な心配をするのか……――技術革新。

二つの実験工場。――一つは会社の利益のため。――浪費。

大衆化、準備……――もう一つは、労働者の利益のため。

官僚体制むき出しの事件の話*……関係。

*原注　本書四九－五〇ページ参照。

「資本家のわな」、すなわち機械設備の更新。償却のすんだ機械の更新だけすればよい人もあるが、償却がすんでいなくても、同じように更新しなくてはならない人たちもいる（償却がすんでいないというのは、全部の原価でなく、個々に原価を計算するからである）。そうすると、今度は、先の方が悩まねばならない番になる……

決して苦しんだことのない人間の単純さ。

断片*

*原注　以下のページは、工場に入っていた間（一九三四―一九三五）と次の年のうちに書かれたものである。〔手稿の順序とは合っていない〕

工場の官僚体制的な組織、――事務の各部門は、たがいに並列する諸機関として、工場の中心をなしている。一定の生産の方式が（その秘密も含めて）そこには、れっきとして存在している。だから、そこでは職員の数が減らされることは、工場の場合よりも少ない。工場では、工場長、職工長、倉庫係などを除いて、すべては他の者と取り換えができる。何よりもまして、普通工の場合はとくにそうであるが、熟練工の場合でも、それはあてはまる。アルストム工場の一人の旋盤工を、かりにシトロエン工場の旋盤工の一人と交換しておいても、だれもそれに気がつかないかもしれない（熟練工が企業と結びついているのは、ただ機械を媒介としてのみである。ことに、フライス工の場合はそうである）。

女子工員の場合（普通工）、企業とのどんな結びつきもない。

調整工も、なるほど仲間であることにかわりはないが、その友愛関係には、どこかしら保護する立場の者という感じがともなう（年とった女工で、二五歳の若い調整工に指導してもらわねばならないのを、ごく当りまえのことに思っていた者がいた……女性が工業生産に加わるようになってから、たしかに「役割の分担」がはっきりしてきたようだ）。けれども、調整工の性格は、生産様式がかわれば、もちろん変化して行くものであろう。なるほど、今ここには、始終、調整しなければならない機械があるかもしれない（とくに、今のように、小さい注文ばかりがたくさんある時代にはいっそうのことだ。もっと繁栄の時代であれば、こういう小さい注文は、きっと企業が引き受けなくなるであろう）。しかし、一方には、調整する機械も少ししかなく、むしろ仕事の監督が主な役目のところもあるのだから、そうなれば調整工はたぶん上に立つ存在となる場合が多いのだろう。

　女工たちどうしの中にある反目。

　これが男子の工員の場合だと、――たまたまふと視線があうようなことがあると――通りがかりであれ、なにかたずねるときであれ、機械について仕事をしているのを見せてもらうときであれ、――男たちはいつでも、まず最初に、微笑でこたえてくれる。それは、ほんとに感じのいいことだ。こういうことは、工場の中でしかありえないことである。

　支配人はいわば、フランス王みたいなものである。かれは、同じ権威の中でも、あまり好ましくない部分は、部下の者にゆだね、自分はそのうちの魅力的な一面を保持している。

　自分にはまるでわからない何か大きい機械にのせられているような気持。自分のしている仕事が、どういう要求にこたえるものなのかもまるでわからない。明日になれば、何をするようになるかもわからない。給料が減るかもしれないことも。解雇されるかもしれないことも。

　大工場にならどこにでも見られる、なかなか適応できるようになれない一面。おそろしいような工具の量。機械が専門化していること。あまりたくさんな機械があると、機械がほんの少ししかないのと同じような具合に、すべてはすぎて行く。

近代的な大工場の技術と組織とは、大量生産と密接な関連があるばかりでなく、外的な形式を明確にするという点とも関連がある。いったい、一つの機械が作り上げるのと同じような正確さで部品を作り出すことのできる職工がいるだろうか。それでいて、とくに専門化された機械は、量産しないかぎり、非常に高くつくものなのである。

職工の仕事には、職人的な一面があること。研究にあたいする。

たとえば、プレスの組立て工は、ねじ一つ締めるのにも、それによって機械に望ましい変化が与えられ、決してそれ以上の変化を加えたりしないようにすることができる能力を持っていなければならない(例として、わたしの部品が一〇〇個オシャカになったこと)。いろいろとやってみる時にも、当て推量で仕事を進めるのである。そして、それはもちろん、指先でまさぐりながらの仕事になるはずである。

結局のところ、プレスの調整工が知らなければならないことは、どういうことなのか。まず、図面によってどういう工具を使うかがかれに示される［しかも、時には、図面を引き直してみることによって、その工具の効用がかわるかどうかを検証してみなければならないこともある。たとえば、角度をどうするかというような問題である］。倉庫係が、工具を引き渡す。必要があれば、もっと適当な別の工具を渡すこともある。調整工は、まず第一に、その工具はどの機械に用いれば適切であるかを知らなければならない。ある一つの工具は、いくつかの機械に適合するかもしれないが、必ずしも全部の機械に適合するとはかぎらない。それは、㈠構造によるのであり（しかしながら、わたしは、構造という点では、大部分の機械は、同じようなものだと思っている）、また、㈡動力による。必要な動力は、紙の上にはあらわされないと思う（この点を確かめなければならない）。ほとんどいつも、同じような作業をしているのであるから、経験によって決定される。この点は、さらにくわしく研究する必要がある。第二には、適切な調整をすることによって、工具を機械にうまく合わせるようにすることができなければならない（どんなふうに調整したらいいかも、研究してみること）。第三には、支持台が工具の下にくるように組立てなければならない（すばやい判断が必要である）。それがうまく行かない場合には、仕事を進めているうちに、支持台の位置が適当な所に定まるように調整しておかねばならない。第四には、ねじを締めることである。これで全部だと思う……

プレスの調整工が、旋盤やフライス盤の前に立てば、途方にくれることもあろうし、また、その反対の場合もあるかもしれないことに注意しておくこと。企業の安全性という見地から見れば、こういうことは、一面では益になることである。調整工たちを、外部からやって来た者で代用することはできないであろう。ところが、別な面から見ると、これは不便なことである。プレスの調整工がどんなに多くいるからといっても、その中の一人を連れ出して、よそへ移すことはできないであろう。不便な点の方が大きいわけだ。こうして、調整工たちの代わりにするために、いつも専門工をあてることになる。

研究すべき問題、工具のこと、その形式とその効用について。

まず、手はじめに、わたしが仕事をしている機械の工具を研究してみること。

次の者の役割を研究すること。

機械仕事にあたる一般工（わたしもそうだ……）。

専門工。

生産にたずさわる熟練工（そういうものがあるのかどうか）。

工具関係の熟練工。

調整工。

倉庫係。

班長。

工場長。

製図工。

技師。

副支配人。

支配人。

転位と連絡、一つの工具の形式と働き。

工具を見て、その工具の働きを読みとることができるか。

その練習をすること。

倉庫係にたずねること。

しかし、プレスだけしかないから……


注目すべきこと、これまでわたしが見てきた中で、自分の仕事をしあわせに思っている者は二人しかいなかった。

かまどの係で、始終、歌をうたっている職工（自分の身の上話を少々わたしに話してくれた男）。

倉庫係。

班長がどこの出身であるかを知ること。

かれが何をしているのかを知るために、さらにしっかりと、かれを観察すること（一日中このことを考えていること）。とくに、役にも立たぬ書類作りをしているのだろうという気がする。かれは、ほとんど仕事の監督をしない（労働者たちが仕事をしているのを見張りにくることも、めったにない)。かれが機械の後にいるのを見ることも非常に稀だ。

工場長がどこの出身であるかを知ること。かれが何をしているかも。

それはもう少し実のある仕事であるようにわたしには思える――かれが自分の事務所でどれぐらいの時間をすごすかを観察すること。

手仕事《ハンド・ワーク》がどういう種類の注意力を要求するものであるかに特に注目すること(ただし、一に、わたしのやっている仕事の特殊な性格と、二に、自分自身の気質とを考慮に入れた上で)。

「仕事待ちの時間になったら、時々は外に出て、頭をすっきりさせよ」。

「おまえには、まったく新しい注意力の訓練が必要なのだ。一心に注意力をこらしているかと思えば、また、注意力を解放して、のびのびと想念のつばさを伸ばすことができたり、あるいは、その逆のことができなければならない。そうでないと、おまえは、へとへとに疲れてまいってしまうか、仕事をぞんざいに片付けてしまうことになるであろう――訓練とはこういうことなのだ」。


専門工たち。みんな男子ばかりだ(もっとも、倉庫係は、特殊技術をもった裁断の女工がいると言っていたけれど――わたしは、女子で機械に関係している場合その運転をする以外の役目を果たしていた者は、ただの一人もこれまでに見たことがなかった)。かれらは自分で自分の機械の組立てをする（必要があるときは、調整工の意見を聞く）。そのためには、図面を読むことなども出来なければならない。かれらは、どんなふうにして、機械の組立てをすることを学んだのだろうか。この点を、明らかにしなければならない。

「機械仕事にあたる一般工」。女子である。彼女たちが機械と接触をもつ唯一の場合は、各機械の秘めているわなを知ることにつきるように思われる。すなわち、各機械が部品をオシャカにするかもしれない危険性を宿している点を知ることにつきるのである。彼女たちは自分たちがなじんできたなんらかの機械において、どこかしらうまく行かない所があることを、最後にやっとさとるのである。この点については、長年工場生活を送ってきた女の場合も同じことである。

ちょっとの間、仕事のない女工たちがたくさん寄り集まって話したりすることを、工場長は好まない。おそらく、かれは、こういう所から、反抗的な精神が生れてくるのではないかとおそれているのらしい……。女工たちは、こういったたぐいの事柄に、少しもおどろくことはないし、また、それがなぜであるかも考えてみようとしない。彼女たちの解釈はこうだ、「上役というものは、指揮するために作られているんだからね」。

今日（木曜）、工場でおこった、悲劇的な事件。*四〇〇個のオシャカを出した一人の女工が、馘《くび》になったのだ。結核を病んでいる女で、夫は月のうち半分は失業しており、何人もの子供（別の男の子供だと思う）があり、実家にあずけて育ててもらっている。ほかの女工たちの感情には、あわれみの気持と、学校の女生徒のような「あの人ももうだめね」という気持が入りまじっている。それに、彼女は、つきあいもわるく、女工としてもあまりよく仕事をしなかったようだ。とやかく人々から言われていた。彼女は、工場が暗かったことを口実にした（六時半以後は、全部の電灯が消される）。「わたしだったら、あかりなんかなくても、これぐらいの仕事は十分にやってみせたわ」。「あの人は、上役に口答えなんかすべきではなかったのよ（彼女は、仕事をすることができないと言ったのだった）。あの人は、副支配人のところへ言いに行けばよかったのよ。わたしにもまちがったところがあったかもしれないけれど……」。「自分の生活費をかせぎ出さねばならないときには、だれだって、いやなこともしなければならないわよ」。「かせぎに生活がかかっているときには、もっと、仕事を念入りにすべきだよ……」

＊原注　本書二九一―三〇ページ参照。

女工たちの一部。

一九〇五年にロシアへ行ったという年とった女――「一人で暮していたけれど、少しも退屈なんかしたことがなかった。夜になると本を読んですごしたから……」――トルストイに対して、夢中《シユヴエルメライ》になっている（『復活』、「絶品だわ……」「あの作家こそ、愛を真に理解していた人よ……」）。

女王のような堂々たる風采《ふうさい》をしていて、夫がシトロエン工場で働いているという女。
両親と一緒に暮している三六歳の女。
アルザスの女。

男子工員の一部。
倉庫係。
むかし、仕上げ工、ヴァイオリンの教師であった男。
女にかけては自信満々の様子をしている金髪の男、専門の技工。
ジャコ。
調整工の主任。
北部出身の太った若者、調整工。
メガネをかけた、感じのいい男(調整工か、それとも班長か)。
いつも、歌ばかりうたっている、かまど係の男。

*

自分がしている仕事が、いったい何に使われるものかをまったく知らないでいることは、非常に意気をくじけさせるものである。自分がいろいろと力をつくしているところから、一つの生産物が生れ出してくるのだという感じをいだくことができないからである。自分もまた、生産者の列に加わっているのだという自覚を持つことができない。それにまた、労働と報酬《ほうしゅう》との間の関係についてもなにもわからない。ただ、やみくもに仕事が課せられ、でたらめに報酬が支払われるように思っている。いわば、母親が、子供たちをおとなしくさせておくために、できたらボンボンをあげるからという約束で真珠を与えそれに糸を通させる、そういう子供たちにちょっと似ているような気がする。

熟練工ならどうかを、知ること……

倉庫係に聞いてみたいと思うこと、工具が新しく発明されるというようなことは、今でもまだあることなのだろうか。

疑問、ダランベールの『力学概論』*とか、ラグランジュの『解析力学』**とかいったようなものは、工業の発展の上に、どういう影響を与えたのだろうか。

*訳注　ダランベール（一七一七—一七八三）は、フランスの哲学者、数学者。百科全書派の一人。『力学概論』（一七四三）において、運動の研究のための基本的な原理を叙述した。

**訳注　ラグランジュ（一七三六—一八一三）は、フランスの数学者。ナポレオンに登用され、多彩な科学的業績を残す。主著『解析力学』（一七八八）。

機械・工具の原理。工具とは、運動の変成物である。したがって、変化されるはずの運動が手によって伝えられる必要はない。

疑問、「どんな運動をも自分でなしうる自動機械」をつくり出すことができるだろうか。どうして、できないわけがあろうか。

理想、第一に人間は、ものに対してだけ権威《けんい》をもつべきであって、人間が人間に対して権威をもってはならないということ。

第二に、仕事において、一つの思想の行動への翻訳という形をとらないものはすべて、ものにゆだねられるべきこと。

（細分化された仕事は、だいたい、機械のする仕事であるべきこと……）運動の変成物であるという、一般的な考え方にしたがって。

物理学上の概念はすべて、技術面における現実の状態を、直接的に表現することができる（ただし、類比的に）、たとえば、力という概念。

＊

動力伝達ベルト（あらかじめ、機械の頑丈さの程度に応じて測定しておかれたもの）によって動かされる機械の出しうる力は、次のものと依存関係をもつ。

機械に運動を伝える主軸の各部位ごとの回転数 $\left(\frac{n}{60}\right)$
この軸上に据え付けられ、機械と連結した滑車のスポーク $d/2$
→ ベルトの直線的な速度。

摩擦係数（$\mathrm{tg}\omega$）［ベルトのすべりが次第に増加して行くとともに大きくなるのではないか］
圧力（ゆるみ側の引張り作用 t）
両方の滑車をまるくかこんでいる弓形（α）
→ 正接的な応力。

$\frac{n}{60}$, $\pi d.t(\mathrm{e}^{\tau\alpha}-1)$, e をネピアー対数の底として。

ねじ切り、圧延、刃の平滑化などによって、相違がある。

*

工芸学校の見学。

歯車装置、運動を変えて行くもの……

再び着手。ルノーを去るのが、あまり遅くならないように……

フライス盤。

一連の同じ調子（つねに、七時には二〇〇〇個とほかに数百個を仕上げていた）。

万力をかたく締めること。

オシャカの品を別にしておくこと。

ケースの中へ、部品を落として行くこと（容赦なくつき落として行くこと、ただし、あまり強く落とさないで）。

鋸屑《のこくず》の中に落ちた部品を、十分にひろい集めること。

毎日、鋸屑をとり除くこと。

数えること。

六時半には、やめること。

金属バンドの裁断がもっとはやくできるすべを、学びとること（運動が、さらに連続してできるように）。

金属をのみでけずって平らにすることが、もっとはやくできるようにすること（もっとはやく置くこと……)。

どんな仕事でも、それにとりかかる前に(ただし、まったく新しい仕事の場合はしばらく経ってから)、どういう困難が起こりうるかをはっきりと理解していること。とくに、機械の調子が狂うのは、どうしてかを理解していること。防止すべき過失の完全な一覧表をつくることによって。時には、その表を、心の中で何度も自分に言い聞かせてみること。困難を自分で想像して、くよくよ思いわずらい、そのために速度を落としたりしないようにすること。一つの部品を終了して、次の新しい部品に移るときも、部品を置いてから、次にペダルをふむときも、運動を連続的にすることによって、きちんとした一定の調子をとりつづけること。

部品を置いたり、引き出したりするときの呼吸、とくに止め金具の上へ置くときの呼吸(大へん重要)がのみこめるように、ちゃんと組織立った努力をしてみること[手でささえて、一本の指で、止め金具の上へ押し出すこと、決して手で部品をつかまないこと]。

睡眠が、労働にとって一ばん必要なものであることを忘れないこと。

今後は次のようなばかなことを仕出かさないようにしなければならない(この表を、一日に二度はくりかえして読むこと)。

一、**機械［型板］に詰めこみをしすぎること**は、重大な事件をひきおこす危険がある。

二、**一つの部品を、……ごとに、あまり近くから見つめないこと**（オシャカ五〇〇個）。

三、**型を大切にしないこと**。

四、**部品を逆に置くこと**（リベット締め、二度も失敗した。ほかにも、何度も失敗をおかしそうになったことがある）。

五、からだ中の力をかけてペダルをふむこと。

六、ペダルの上に、片足をかけたままでいること。

七、**工具の中に、部品を残したままにしておくこと**（工具を損じる危険がある――このことはまた、金属の圧平のときにも行なわれる）。

八、**部品を正しく置かないこと**（止め金具の上にではなく）。

九、必要なときに、油をささないこと。

一〇、**つづけて、二つの部品を置くこと**。

一一、調整工の手の位置を観察しないこと。

一二、機械に何ごとかが起こっているのに、それに注意をとめないこと（ビオルと、締め環のこと）。

一三、**金属バンドを止め金具からはみ出して置くこと**（三月六日木曜日に、工具をこわしてしまった）。

一四、部品がちゃんと置かれるよりも先にペダルをふむこと。
一五、いったん金属バンドに着手したら、バンドを裏むけにしないこと。
一六、機械にかけないままで残す部品を出さないこと。

Rの工場（B氏）

二度のうち一度は、よい職工であった者が、わるい班長になることが起こる［かれに、モリヨンの話をしてやること］。

組織の才能、すなわち、……がどこの出身であるかを考えてみること（なんとなく、うまく行かないところ）。

かれと、技師長とは、実際上、同じ分野を受け持っている。

一四―一八、軍需生産のために工具の転用。デカルト的方法（困難の分割）。

些《さ》末事《まつじ》のために一日がついやされてしまった。そのおかげで、本質的な組織の問題が提起された。

些末事の解決をすること。第一に、かれに訴えかけてくる人の責任の領分以外の些末事、第二に、（原文空白）疑問を明らかにするには、（原文空白）むつかしすぎる些末事について。

「参考にすること。ドゥトゥフ——部下の一人——がかれのところへ来てある難問をもちかけた。かれのすることは、——一〇度のうち九度まで、それでいいのだと言うことである。一〇度目にたいへん明快な示唆を与える。相手は、どんな場合にも満足している……参考、トルストイのこと」。

図表のことなど。上に立つ者は、あらゆる事柄をどんな努力もせずに、想像できなければならない。それは言うまでもないことだ。［顕著な……］事柄それ自体を見たからではなく、むしろ統計を見ただけで、考えが湧《わ》いてくるのだ……

「技師の仕事も同じようなものだ。新しい型の開発にあたって」。

精神の形成、科学的な分析。

主要な仕事、諸作業の協調、速度……

普通工の一〇分の九まで。

ボイラーの中で鋳鉄《ちゅうてつ》の溶解。

硬質の砂型の中へ、鋳鉄の流し込み。

手送りプレス——砂を圧しかためるためのもので、水力利用。四基の機械（一九二七年、工芸学校出身の一技師が発明したもの）。

砂は自動的に流し出される……——次いでローラーの下を通り——それから、コンベヤにかかり、このコンベヤの上で鋳鉄を流しこむ。最初の機械は、四〇万フランもかかったという。

きりもみ、研摩、ひれ取機でひれ取りをする作業場、プレスが一つあって女がひとりついている。

立ったままの女が数人、その中のひとりが、一つの機械（何だかわからないが）についている。どうやら、その機械でずっしりと非常に重いものを押し上げねばならないらしい。

組立て工場。

全部の部品が、規則正しく並べられている二つの間に、それぞれ職工が立っている。男も女もいる、部品の中には、相当重そうなものもある……

エナメル工場。

機械工場（幾人かの旋盤工、フライス工、組立て工、そこには、見えなかったけれど、まだもう一人の職工がいるはずだった）。

B氏、技術部長、はじめはふつうの化学者だった（免許状は持っていないのか。そんなはずがあるだろうか。くわしい点は、さらにたずねてみること）。

いろいろな事件が起こる。工場で働いている一日の間に、平均して、一時間のロス。

……

最近は、一直線に低下している。

溶解工たち——三重ガラスのメガネをかけている。かけていないことも多い。なぜだろう。Bが言うのには、それは、調子が出ないからではなく、不便なためだというが、（そうだろうか）。

エナメル工——鉛中毒を避けるため、ガラスのかごの中で息を吸う。かごの中に頭を入れている者もいる。

安全規則違反のために解雇。

ポーランド人たちは、命令をさずけてもらう必要があるのだ。

技師、製図工、管理職、労務者の中からBの任命した者などから成る安全委員会（インテリたちと、「反抗的な連中」とから——）。

Aは、いつも、未解決の問題を解決するために——ことに、細部を、——多くの予期しない事柄を……みんなが、かれに会いにやってきて……一週間に一度、技師たちが招集される。

平均給与、男子、三〇フランなど（三二フラン……）、女子、二〇フランか、二一フラン……
M、まだ若い、二七歳——三年前に国立工専を卒業——工場の中で成長し……長男。

高等数学は、精神の訓練だ——という、かれの意見に反対できるものはない——故障を起こした自動車の運転手に対するかれの態度——かれの母親のおそるべきブルジョワ女らしい反応ぶり「「お酒なんか飲ましても、エンジンは動いてくれないよ」。「運転手に話しかけたりするんじゃないよ」。（なんとまあ）」。

M夫人。

おそるべきブルジョワ女……

精神の明晰《めいせき》さ、的確さ、果断さを維持するためには、きびしい人間であらねばならないのか。

高等数学もまた、「反省力を殺して、注意力を形成する」ための一つの方法とならないであろうか（シャルチエを参考にせよ）。

こういう人たちの場合、金銭の問題はどういう役割を演じているのだろうか。

＊

Dにたずねること。

機械設備をどうするか決めるのはだれか。機械の購入などはどうか（いつもD自身がするのか）。そして、どういう規定にしたがってやるのか。

旋盤工に。

計算をしなければならないことがあるのか。

ギエヌフ、「それは、経験だよ……」。しかし、それでもDはどう言うだろう……

＊

一連の同じ調子。手を使う仕事で、そういう調子をもちつづけることができるものが、あるだろうか。機械の場合だと、たといほんの僅かでも、思考の入り込む余地はない。現実に作業が行なわれていることを意識すること一つしないですむのだ。一連の同じ調子がそういうことをさせないのだ。

（ギエヌフとかれのハンドル……）

＊

Gを訪問。

その生い立ち。指物職人、職業補導所に三年間通い、そこで、社会主義者の教師の影響を受けた。年とった職工たちから、職人組合の伝統の影響をも受けた。自分の属する組合の支部がある町をしらみつぶしに歩きまわってかれ流の「フランス一周」を果たした（後にすぐサンディカリストになった。社会主義者にはならなかった）。夜間学校に通い、製材業に関していろいろと勉強した。〔一九〕一七年の中頃、召集を受け、空軍に配属されて、学校へ入れられた。休戦になってからも、召集されたままで、パリへ派遣され、空軍省につとめた。二〇年に除隊し、いろいろな航空機工場（と思うが）で働いた。ロシアへ向けて出発し（二三年）、そこでも、いくつかの飛行機工場で職工として働いた。ある大製材業者の監督官としてシベリアへ派遣され、次には一つの工場の支配人になった。そこでは、機械設備を変えずに、生産を倍増した。それから、トラストの総取締役となった（この間、ずっと党員であった。党へは、モナットにつづいて二一年にフランスで入党した）。何かと反省してみて、こういう企業制度に嫌悪《けんお》感をおぼえ、研究生活に入ることを願い出る。奨学金を受けるようになる。数カ月間で中等程度の数学を全部ものにし、入学試験を受ける。三年間の勉学。六カ月間、ある飛行機工場（エンジン製作）で、技師。三四年一月にフランスへ帰国。働き口がなかったので、技師や校正係などの職をさがしたが、だめだった。とうとうさいごに、旋盤工として（旋盤の仕事をしたことは、これまで一度もなかったのだが）、たまたまその職工長（虚栄心のつよい、粗野な男）と知り合いであった小さな工場へ入り、部品作りにあたった。自動旋盤ではなかった（工具室にあるのと同じ種類のもの）。二月ののち、はやくもノルマを達成できるようになる。ほとんど一年間近くそこにいたが、別につらい目にはあわなかった。しかし、疲れて、ぼけたようになった。

教えられたこと。

ロシアについて

ゴスプラン*の専門家たちは、うまく術策を弄し、予感をはたらかせた……かれらに取って代わることは困難であろう。——今後一〇年間は取って代わる者はないであろう。

*訳注　ゴスプランは、ロシア語『国家計画《ガスダールストヴェンヌイ・プラノーヴイ・》委員会《コミッチエート》』の略語で、五カ年計画の開発とその実行を進めるため設けられたソ連の国家委員会。一九五五年に、二つの新しい機構に分割された。

労働者の仕事について

ほかのことを考えることができる者はだれもいない。何ひとつ考えようとしないのだ。

技術について

数学の役割。

数学を学んだ利益。

数学をまるで、言語のように読解し、それによって、直接に現実を認識しようとする非常に高度の技術。例えば、そういう人たちは、公式を知らずに外国語を知っている場合よりも、自分たちの知らない外国語で書かれていても、専門的な本ならずっとよく理解できる(ほんとうにそうだろうか)。

タル……のラシーヌ論。——ふと思ったこと、ラシーヌの悲劇には、死がいたるところに現存している。主人公たちはみな、はじめから死に向かって走りこんで行く。死がかれらの中にある（イフィゲネイア）。反対に、ホメロスやソフォクレスの場合は、ドラマは、生きようと思うあわれな人間たち（デイロイシ・ブロトイシ）*が、外部の運命のために押しつぶされるところに成立し、運命の方が、人間たちをその根底において、うちくだくのである（アイアス、オイディプス、エレクトラ）。

*訳注　ギリシア語、意味は「あわれな人間たち」。

＊

人間性はかわらない。ラシーヌの悲劇は、まさに宮廷の悲劇である。権力のみが、このような荒廃を、人々のたましいの中につくり出すことができるのだ。非人間的な詩人と言えよう。そのわけは、Tも言ったように、「人間の条件」がこのようなものであるとするならば、すべての人はとっくに死んでしまっているにちがいないのだから……

ラシーヌにおいては、つねに、思いあがった心が、はずかしめを受けるのである（なんという高ぶった、無慈悲な心で……おまえは泣いているのか、あわれな女よ……残酷にも、すげなくされて……）。ホメロスやソフォクレスにおいては、誇り高き心である。

比較せよ。

アンドロマックは、あなたさま以外の方なら、御主人さまのおひざにとりすがって、お願い申し上げるというようなことは、決して致しませぬ。*

＊訳注 ラシーヌ『アンドロマック』第三幕第五場、アンドロマックがピュリスに対してのべる言葉。

（さて、これは、宮廷人の隷属のすがたであり、その隷従のさまには、肉体にかかわるところがない。ラシーヌのアンドロマックは明らかに水を運んだり、毛糸をつむいだりしないのである。職工長から辱しめを受けるのは、こういうような辱しめられかたとはまったくちがう……）。

また、

……おまえは、ほかの女のために布を織り、メセイスやイペレの川の水を運ぶのだ。どんなにおまえの心にそむくとも、冷酷な必然の定めに服して。*

＊原注 『イリアス』第六巻、四五六―四五八。

権力。その種類とその程度、それが人々のたましいに深刻な変化を及ぼすこと。船長と水夫（ペイッソン）。工場長（ムーケ）と職工……

そのほかは、ホメロスにおいては、アキレスは、走ったり……することができる。ヘクトルは、馬を仕込む。オデュッセウス、ソフォクレスにおいては、フィロクテトスなど。ラシーヌの主人公たちの場合は、どんな手腕も持たず、ただ純粋の権力だけしか残されていない（イポリットは、献身的な人物である。したがって、当然のことながら、かれは死に向かって走って行かない）。ラシーヌが、個人的には、もっとも平穏な生涯をおくったということは、別段おどろくにはあたらない。要するに、かれの悲劇は冷たいのであって、なんら悲痛なところがない。ただ、生きようとしながら、そうすることができない高潔な人の運命だけが、悲痛なのである（アイアス）。

（ラシーヌの劇の人物は、かれらはすでに死んだ者であるという意味において、抽象的存在である）。「そこで、次のように言った人はだれであったか。ラシーヌが死という言葉を書くとき、かれは死のことなど考えていなかったのだと。これほど、確かなことはない。たとえば、かれの極端なほどの死に対するおそれ。タル……がいみじくも見てとったように、かれの作品の主人公たちの場合は、死が安らぎであったのとまさに反対である。この人が、人間的な詩人であったと思うのは、せいぜい二五歳ぐらいの若さの人間だけであろう」。

＊

わたしの考えてみなければならない問題。

機械仕事において、「こつ」が占める役割。このこつを多少なりと自覚した人間（たとえば、倉庫係、また、反対の意味で、調整工たちも、とくに、あの人でなしのレオンの野郎も）。

＊

機械的《メカニック》な仕事についての一般的な考えかた、さまざまな運動の結合、たとえば、フライス削《けず》り、こういう例をいろいろと整理して並べ、そこから純粋な観念をあらわし出してくること……「シャルチエは、機械論について、皮相な、初歩的な見かたしかできない」。

労働と幾何学のあいだにある類似性……

物理学は、次の二つの部分に分けられるべきであろう。

その一、静観の対象になる自然の現象（天文学）。

その二、労働の素材または障害物となる自然の現象。

幾何学、物理学、それに「応用」力学を別々にしてはならないであろう……

新しい理論の進めかたは、絶対に純粋なものであるとともに――直観的であって同時に具体的なものとなろう。

デカルトはまだ、三段論法から十分に解放されていない。

「第三の種類の認識」*について、もう一度じっくり考えてみること――「からだが、それにふさわしい能力を身につければつける程……たましいは神を愛するようになる」ということを、定理としてまとめてみること。

＊訳注　デカルトがあげた三つの神証明のうち、さいごのいわゆる「存在論的証明」のこと。『方法序説』、『省察』参照。

＊

企業の中に、――だれもその責任をとらないために、だれひとり専心あたってみようとしないような――問題性――困難――避けられる複雑さ、また、浪費がないかどうかを知ること。しかし、どんなふうにして知ったらよいか。ドゥト……にたずねてみようか。むつかしいだろう。かれは、こういう事柄を明確には知っていないだろうから。

＊

仕事が苦しいのは（たいへん苦しくさえあるのは）、二つの仕方においてであると言えよう。苦痛が身にしみて感じられるのは、対象と自己自身に対するたたかいに勝利を占めなければならないという苦痛の形で感じられるとともに（かまどの場合）、また、自分を下落させる隷属状態にある苦痛としても感じられる（第六週と第七週に、〇・四五パーセントで一〇〇〇個の銅の部品を作らねばならなかったことなど）。「その中間にもいろんな苦痛があると思う」。そのちがいは何に由来するのか。給料もいくらか、それに関係があるようにも考えられる。しかし、本質的な要因は、まさしく苦痛の性質にある。その区別をはっきりするために、もしできることなら部類分けをするために、この点についてさらに詳細な検討をしてみなければならないと思う。

＊

数学の批判は、どちらかといえば、やさしいことであろう。それは、まったく唯物論的な見方においてなされなければならないことであろう。媒介物（記号）が、デカルト、ラグランジュ、ガロワ*、そのほかの多くのすぐれた人々をあざむいた。デカルトは、『精神指導の規則《レグラエ》』の中で、記号の問題が一ばん大切な問題であることを認めていた。記号の正確さや、的確さばかりでなく、取扱い易さとか、やさしさなどのような、表面的には二義的とみえる性質をも認めていた。これらの性質は、ただ、程度の差だけしか含んでいないように思われる。ところが、実際は、まったくちがっていたのである。まさに他のところよりも、このところにおいてこそ、「量が質に変化する」。しかし、デカルトは半途にして立ちどまってしまった。かれの『幾何学』は、もう少しで俗流数学者（もちろん第一級の、ではあるが）の作品に堕《だ》そうとしている。記号を綿密に批判するだけなら、容易なことであり、また益がないわけでもない。しかし、明確な説明を与えようとするのは、それこそたいへんむつかしい仕事である。

＊訳注　エヴァリスト・ガロワ（一八一一―一八三二）フランスの数学者。今日中心的な役割を果たしている「群」の概念を基礎づける業績を残した。

「記号と官僚体制」。

明晰な思想の物質的な条件を探求すること。

世間との接触のあらゆる場合によろこびを見出して行くのは、なんとまあ、やさしい（そして、むつかしい）ことなのだろうか……

＊

判断力の訓練のむつかしさは、どこにあるのだろうか。考察の対象が、本質的に普遍的なものであるというのに、事実上、個別的なものだけしか考察することができないという場合に。ギリシア人たちがこの難題をどんなふうに解決していたかは、知られていない。

現代人は、多くのものに共通なものを表象する記号を用いて、それを解決してきた。ところで、こういう解決は、よいものと言えない。わたしの解決は……

［デカルトも、『……規則《レグラエ》』と、『幾何学』とのあいだに、おそろしいずれを見出していたのにちがいない。この『幾何学』を俗流数学者みたいな書きかたをしたという、ゆるしがたい罪は別にしても］。

一つの証明を理解するための二つの方法……

＊

数学的な操作においては、どんな場合でも、二つの事柄を区別しなければならない。

その一、記号は、古き習慣的な規則によって与えられているものであるから、その相互の関係については何も知ることができない。そのままの形で理解された記号のすべての組合せから、一つの普遍的な理論をつくり上げるためには（群論とはこういうものではないのか）、記号の組合せについてかなり明晰《めいせき》な観念を得ていなければならないと言えよう。

その二、記号の組合せと、自然が提出する現実の問題との間の関係（この関係は、つねに、類比関係として存在する）。

そのままの形で理解された記号の組合せについては、難点の完全な一覧表が必要であろう――時間と空間に関する難点をも考慮に入れた上で。

その応用については、透徹《とうてつ》した研究をすすめることによって、おそらくその根拠が、記号の中に含まれているもの（隠れた性質）を表象する独特のありかたにもとづくのではなく、操作の類似性にもとづくことが認められるであろう。

数学の応用については、一つのリストが必要であろう。

学問については、一般的な概念は存在しないのであるから……

ものが象徴へと、上ったり下ったりする永久的な運動［だんだんと抽象的になる象徴へと］、そしてまた、象徴がものへと、上下する永久的な運動。その例、幾何学と群論（不変式の……）［連続——不連続……］。

これらの労働が含む難点についてのリストを作ること——むつかしい。

さらに、連続した労働についてはどうか。力学は、数学ともっとも大きい関連性をもつ。

だから、記号の組合せを人間の労働の現実の諸条件と、だんだん類似した組合せとするために、記号をつくり出して行く人々の永続的な努力のうちにも、記号の連続性がある。

＊

主人と従僕。今日では、従僕は、絶対的な意味で従僕である、ヘーゲル的な転回もなく。自然の諸力の支配のために……

＊

そのほかのあらゆる隷属の形態においては、隷属は境遇《きょうぐう》の中にある。ただこの点においてのみ、隷属が、労働そのものの中にも移されてくる。

たましいに及ぼす隷属の影響。

＊

人間の生活において何より大切なことは、何年もの間——何カ月でも、あるいは何日間でも同じことだが——生活の上に重くのしかかってくるいろいろな出来事ではない。今の一分間が次の一分間にどんなふうにつながっているかというつながり方が大切なのである。そして、一分また一分と、このつながりを実現して行くために、——各人のからだと心とたましいにおいて、——何よりも注意力の訓練において、どれだけの努力がついやされたかが大切なことなのである。

もし、このわたしが小説を書くとしたら、今までにないまったく新しいものをつくり出していることだろう。

コンラッド*の場合、真の船乗り（もちろん、かしらでなくてはならないが……）とその船との結びつきは、それぞれの秩序が、まるで一気に天から下ってきたようであり、ためらいも不安もなしにやってきたもののようである。そこには、熟慮反省や、奴隷的な労働とは、まったくちがった注意力のシステムがあるような気がする。

＊訳注　ジョゼフ・コンラッド（一八五七―一九二四）ポーランド出身の英国の作家。仏、英の貨物船に船員として乗組み、海に題材をとった小説を多く残した。『台風』（一九〇三）など。

疑問。

一、労働者とその機械との間にも、時にはこのような結びつきがあるのだろうか（それを知ることは困難だ）。

二、このような結びつきの条件は何か。

(1)　機械の構造にあるのか。

(2)　労働者の専門的教養にあるのか。

(3)　労働の性質にあるのか。

このような結びつきこそ、完全な幸福の条件であることは明らかである。この結びつきがあってのみ、労働は、芸術とひとしいものになる。

アルベルチーヌ・テヴノン夫人にあてた手紙三通（一九三四─一九三五年）

アルベルチーヌさん

かるい病気で（中耳炎の初期――なんでもないの）、どうしても休みをとらなくてはならなくなったので、この機会にあなたとちょっとおしゃべりしたいの。そうでもなければ、毎日毎日の仕事に加えて、わたしに押しつけられた人たちをそれぞれお世話しなくてはならないので、それはもうたいへんなの。けれど、ほんとうはそれだけに手をとられていたわけではないのよ。言いたいことが、あまりたくさんあるし、ほんとうに大切なことはなかなか言いつくせないからだわ。たぶん、もっと後になったら、正確な言葉が思いうかんでくるのでしょうね。ただ、今のところは、本当に重要なことを言いあらわすためには、もっと別な言葉が必要なんだという気持だけは感じているわ。今の経験は、わたしが期待していたものと、多くの点では一致しているけれど、とにかく、根本的にはちがっているの。とにかく、これは現実なのであって、想像の世界ではないのだもの。この経験のおかげで、わたしの考えもいくらか変えられたわ（逆に、確信をかためた考えも多いんだけれど）。しかし、それだけでなく、もっともっとそれ以上に、ものごとの見通しとか、人生の見かたとかいったものが変化したわ。わたしはまたよろこびを体験するだろうと思うの。

けれど心のかろやかさというものは別で、それはこれから先もなかなか自分のものにすることが不可能なような気がするの。でも、この点については、これだけしか言えない。表現しつくせないものを、表現しようとすると、それを堕落させるだけのことだものね。

表現できる事柄について言えば、企業の組織についてかなり多くのことを学んだわ。それは実に非人間的よ。細分化された仕事、――それも賃仕事よ――企業の諸要素間の関係がまったく官僚的な仕組になっていること、現場での作業がいつもちがっていることなど。注意力も、ここではほかにそれ相当の対象に集中して行くことができないので、反対に、毎秒ごとにほんのつまらない問題に向かって行くよりほかに仕方がないありさまよ。その問題といっても、いくらか変化はあっても、たいていいつも同じ問題なの。たとえば、六分間でなく五分間に五〇個が仕上がるというようなことなの。この順序はどちらになっても同じことよ。ありがたいことに、何度も手のひらをひっくりかえさなければならないことがあるので、ときどき、それでスピードを出す工夫をしてたのしんだりしているの。ところで、わたしが何とかならないかと思っていることは、こういうすべてのことがどうしたら人間的になるかということよ。つまり、細分化された仕事が賃仕事でなければ、当然仕事に対する倦怠感が出てきて、注意力も散漫になり、目立ってスピードも落ち、大ぜいの怠け者が出てくる機会をつくることになる。もし、仕事が細分化されていなければ……いやいや、こんなことを手紙でそれ以上展開して行くひまはないわ。ただ、わたしは思うの、ボリシェヴィキの大指導者たちは自由な労働者階級をつくり上げるんだと主張しているけれど、かれらの中のだれも、——トロツキイはもちろんそうだし、レーニンもそうだと思う、——たぶん、工場の中へ足をふみ入れたことすらないのよ。したがって、労働者たちにとってどういう条件が屈従と自由をつくり出しているのか、その真相はまるでこれっぽちも知っていないありさまなのよ、——そう思うと、政治なんて、ろくでもない冗談ごとのようにみえてくるわ。

こういうことはみな、未熟練労働の場合だということを言っておかねばならないわ。熟練労働については、わたしもまだまだ知らなければならないことが大半だわ。それもやがてわかるようになりたいと思っているの。

うちあけて言うと、こういう生活はわたしにとって相当つらいわ。この体験がやりやすくなるように、頭痛がわたしから去ってくれるということもないのでいっそうなの。——頭痛もちで、機械仕事をするというのは、ほんとうに苦しいことよ。ただ、土曜の午後と日曜日には、ほっと息をついて、自分自身をとりもどすの。心の中でいろいろな思想の断片を反芻《はんすう》する力もまた出てくるのよ。一般的に言って、こういう生活をしていると、一ばんしりぞけがたい誘惑は何かというと、まったく考えるのを放棄してしまいたいという誘惑よ。それだけがただ一つ、これ以上苦しまないですむ方法であることが、わかりすぎる位よくわかるの。まず第一に、精神的に苦しまなくてすむのよ。もともと、状況自体が、おのずと反抗心を消し去るようにできているの。腹をたてながら仕事をすると、仕事がうまくできないし、ついにはおマンマがたべられなくて、コロリと逝ってしまう目にあうというわけね。それに、仕事以外には、だれにもむしゃくしゃを持って行きようがないのよ。上役とあえてことをかまえようなんて気持はだれも持っていないし、それに第一、上役の方だってかならずしも当の原因でない場合が多いのよ。だから、自分自身の運命にたちむかってみると悲しみのほかにどんな気持も持ちようがないの。こうして、平々凡々たるつまらない日常生活に関係のあるもの以外には、まったくあっさりと興味を失ってしまうということになりかねないの。肉体的にもそうで、仕事の時間以外には、うつらうつらと半分眠ったような状態に沈みこんでいたいという気持にばかりさそわれるの。わたしは、労働者で教養をつむのに成功している人たちに非常な尊敬を感じるわ。そういう人たちは、なるほどたいていの場合、たくましい人たちよ。とにかく、腹ができているのにちがいないわ。だから、合理化がすすむにつれて、そういう人たちはだんだん少なくなってくるのね。こういうことは特殊技術をもつ専門工の場合にも見られるのだろうかしらと思うわ。

とにかく、わたしはがんばっているわ。こういう経験の中にとびこんだのを後悔したことはただの一瞬間もないわ。それどころかこのことをつくづく考えてみるたびに、心の底からうれしさがこみ上げてくるの。でも、むつかしいことね、ほんとうはそれほどたびたび考えてみるわけではないのよ。わたしには、ほとんど無限の適応能力があるのね。だから労働者階級の中を歩いていると、自分が教授資格者《アグレジェ》であることを忘れてしまえるし、今の生活をずっと前からそういう定めになっていたんだと思って(ある意味では、このことは事実よ)生きることができるのだわ。それに、このことがこれから先ずっとつづいて行くとしても、自分にこういう生活が課せられたのは、どうしようもない必然によるので、自分で勝手にえらんだのではないと思って、耐え忍んで行けるわ。けれども、もうこれ以上辛抱しきれなくなったら、どこか——たぶん、あなたの所へでも、休息をとりに行くわ、このことお約束しておくわ。

……………

仕事仲間のことをなにもお話しなかったわね。次の機会にしたいわ。けれども、このこともまた、言葉にするのはむつかしいの……みんな、それはそれは親切なの。だけど、ほんとうの友愛関係なんてものは、ほとんど感じられない。例外が一つだけあるわ。熟練工で、工具倉庫の倉庫係の人なんだけれど、腕の立つ職工で、わたしが仕事がうまくできず絶望してしまうときには、いつも助けを求める人がいるの。この人は(ただ単に、技術屋にすぎない)調整工なんかとちがって、それはもう百倍も親切で、知力もすぐれた人よ。女工たちの中には、少なからぬ嫉妬心もあって、工場組織の現実の中では、たがいに人をけおとそうとしているのが実状よ。ほんとうに心から気のあう人というのは、三人か四人しか知らないわ。男の工員の中には、なかなか話せるなと思う人も何人かいるわ。でも、今わたしのいる所には、ほとんどいない。もっとも、真の意味で仲間ではない調整工は別よ。もう少したったら、作業場をかわってみたいと思うわ。経験の場をもっとひろげるためにね……

……………

じゃ、さよなら。はやくお返事ちょうだいね。

S・W

――――

アルベルチーヌさん

わたしがお手紙しなかったこと、わるくとっているんじゃないかしらと思えてしかたがない。何かこだわりがあってわたしがありのままに自分の気持を言いあらわさないのだと思いこんでいるんじゃないかしら。いいえ、全然そんなことじゃないのよ。ただ書くということが負担になるの、それだけなの、書くことがそれはもうたいへんな重荷なの。あなたから、ながいお手紙をもらって、わたしの心にまず動いた気持は、自分が心の底ではあなたといつも一緒だと言いたい思いなの。友情に忠実でありたいとねがうわたしの本能は、ただあなたにだけむけられていると言いたいわ。

……………

でも、わたしは、こういうすべてのことがあるので、おそらくあなたの理解してないことも、理解しているわ。あなたは、わたしとはずいぶんちがうんですものね。わかってくれるかしら。あなたはいま、次のような時期に生きているのよ。――そして、わたしがあなたを好きなのもこのためなの、――つまり、これから先の人生を見とおして、人生を何か価値のあるものにしようというかたいくじけない決心をし、意志と働きによって、一たん決めた方向へあくまでその決心をつらぬいて行くということがどういうことなのか、まだあなたには想像ができないのよ。もしこういうふうにできる人があれば、――わたしはこうすることができる人間よ、だから、このことがどういうことか、よくわかっているわ、――そういう人に対して、だれかが世の中で一ばんいけないことをすることができるとしたら、それは、生命力をほろぼし、したがって働く力を失わせるような苦しめを加えることよ。

…………

わたしは(頭痛もちなので)、こんなふうに生きながらに死をあじわうのがどういうことか、わかりすぎるくらい、わかっているわ。自分の前には、何年もの歳月が横たわっているのが見え、それをみたして行くだけのものは、十分すぎる程に持っているのだけれど、肉体の弱さのために、結局歳月をむなしいままにすごして行かねばならず、ただ毎日毎日を送るということだけでも、どんなにか骨の折れる苦しい努力をつづけて行かねばならないのよ。こういうことを考えるのがどういうことかも、よくわかっているのよ。

もう少し、わたし自身のことをお話しておきたかったわ。でも、もうその余裕がないの。奴隷のようなこの数カ月、わたしはずいぶん苦しみぬいたわ。けれど、この数カ月を送らずにすませたかったなどとは、決して思わないわ。この数カ月のおかげで、わたしは、自分をためすこともでき、ただ想像だけしていたものを、指でさわることができたのだもの。この数カ月がすぎたとき、そこから出てきたわたしは、そこへはいって行ったときのわたしとすっかりかわっていたわ——肉体的にはすっかり疲労したけれど、精神的にはかえって丈夫になったわ(わたしが言うのはどういう意味かわかるでしょう)。

パリあてに、手紙をちょうだいね。わたし、ブルジュに転任のはずよ。遠いところだわ。もうめったに会えないでしょうね。

…………

あなたに接吻をおくります。

シモーヌ
——

アルベルチーヌさん

あなたからお便りもらって、ほんとうにうれしかったわ。あなたとわたしと、おたがいに理解しあえないことがあるようね。でも、あなたという人が生きている、そう思うだけでわたしがどんなしあわせな気がしているか、わかってくれないでしょうね。……あなたは当然ぬけ出してもよい権利があったのよ。人生というものは、人を進歩させてくれるけれど、そのあたいは高いのね。ほとんどいつも、耐えられないような苦痛の代価を払わねばならないのね。

……………

わかるかしら、今ちょうどこんなことを思いついたのよ。わたしたちふたりが、休暇中、ポケットに数フランだけ入れて、リュック・サックを背負い、街道や、小道や、畠にそって歩きまわっているすがたが思いうかぶの。納屋で何度もとまったりするのよ。何度も、食べ物にありつくために取り入れの手伝いをしたりするのよ。……こんなこと、どう思うかしら……

……………

工場について、あなたが書いてよこしたこと、心にピッタリきたわ。わたしも、子供のときから、そういうことを感じていたのよ。だから、とうとうさいごには、工場にはいらねばならないことになったのよ。前には、あなたがわかってくれないことが苦痛だった。でも、一たん中へはいってしまうと、それはもうまったく別よ。今じゃ、わたしはこの社会問題をこんなふうに考えているの。工場というのは、あなたがサン・シャモンであの日に感じとったようなもの、わたしもたびたび感じてきたようなものでなければならない。それは、人が真の人生に、きびしく、痛ましく、しかしとにかくよろこびをもって直面する場所なのだ。自分の中にある人間的なものを屈従させたり、むりやり押し殺したり、自分を曲げて、機械に隷属させたりするだけの暗い場所であってはならない。

ただ一度、わたしも、あなたみたいに外側からあらかじめ感じていたことを、工場の内部へ入って、そのとおり十分感じたことがあるわ。はじめて、火室へ入ったときよ。ほのおや熱い空気を外に吐きだしている大きなかまどの前に立ったわたしを想像してちょうだい。顔一面に熱がムーッとくるのよ。かまどの下の方にある五つ六つの穴から火が出てくるの。わたしはその前に立ちはだかって、三〇個ほどの銅の大きいボビンをかまどの中へ投げこむの。きりっとして陽気な顔のイタリア人の女工がわたしの横で、その細工をするの。そのボビンは、電車や地下鉄に使われるものなのよ。わたしは、ボビンが穴の中に落ちこまないように十分注意していなければならないの。落ちたら、とけてしまうものね。そのためにかまどの真正面に立ちはだかっていなければならないのよ。顔にあつい空気が吹きつけてきたり、腕に火花がとんで(今でもそのあとがあるわ)痛くっても、うっかりまちがった操作をしたらいけないのよ。かまどの鉄板を下げて数分間待機し、それからまた鉄板をあげて、かぎのついた棒で赤くなったボビンを引っぱり、自分の方へ大いそぎでとり出すの（いそがないと、さいごに引き出すボビンがとけだすからよ）。そして、毎瞬間ついうっかり操作をまちがって、ボビンを一つでも穴の中へ入れたりしないよう、一そう注意に注意をこらすの。こういうことを何度もくりかえすのよ。わたしの前には、溶接工がひとり、青いメガネをかけ、いかめしい顔つきですわって、こまかい仕事をしているの。わたしが痛いので顔をしかめると、そのたびに、かれは、さびしそうな、あたたかい同情の気持が一ぱいこもった微笑をむけてくれるの。それがわたしには、なんともいえないはげましになったわ。もう一方の側には、製缶技工の一班が大きい机のまわりで仕事をしているの。この仕事は、班単位で、力をあわせて、綿密にゆっくりと行なわれるのよ。たいへん熟練を要する仕事で、計算をしたり、非常に複雑な図面を読んだり、画法幾何学の概念を用いたりすることができなければならないのよ。向こうの方では、たくましい若者が、あたまのガンガンする音をたてながら、鉄の延べ棒をつちでたたいているの。こういうことがみな、工場の端の一隅で行なわれているのよ。そこではみんなのびのびと仕事をしていて、班長や工場長なんかも、めったにといっていいほど、やって来ないの。そこでわたしは二、三時間、四回ほどくりかえして、すごしたわ（そして、一時間あたり、七フランから八フランかせいだの、——たいしたものよ、ねえ）。はじめての時、一時間半もたつと、暑さと、疲労と、痛さで、自分のからだの動きを調節できなくなり、かまどの鉄板をおろすこともできなくなってしまったの。それを見ると、すぐさま、製缶技工の一人が（みんな、感じのいい人ばかりよ）大いそぎでやって来て、わたしのかわりにやってくれたわ。もしできることなら（そして、せめて、自分の力を回復していたら）今すぐにでも、あの工場の片隅へかえって行きたいわ。その頃は毎晩、わたし、自分の手でかせいでパンを食べるということのよろこびを、味わっていたわ。

でもね、そんなことは、わたしの工場生活の経験の中でも、たった一度きりよ。わたしは個人的には、工場で働いたことには、次のような意味があったと思っているの。それはこういう意味よ、つまり、わたしの自尊心とか、自重の思いとかの拠りどころになっていたあらゆる外的な理由（以前、わたしはそれらを内的だと思っていた）が、二、三週間で、毎日の生活の残忍な圧迫のもとでたちまち徹底的にくずされてしまったということなの。でも、そのために、わたしの心の中に、反抗的な衝動が生じてきたのだと思わないでね。いいえ、それどころか、わたしは世の中で一ばん自分に何一つ期待していなかったのよ——温順でありたかった。あきらめきった駄獣のように温順でありたかった。わたしは、待ち、ほどこしを受け、命令を実行するために生れてきたような気がしていたのよ、——わたしはこれまでただそれだけしかしてこなかったと思うし、これからもただそれだけしかしないと思うわ。こんなことを言っても、自慢しているのじゃないのよ。こういう種類の苦しみは、どんな労働者も話しはしないわ。そのことを考えるだけでも、たいへんつらいことなのだものね。病気のために、中止しなくてはならなくなったとき、わたしは、自分がどんな低められた状態におちこんでいたかを完全にさとったわ。わたしは、やがて自分がなんとか自分をとりもどせる日まで、こういう生活を耐え忍ぼうと自分で誓いをたてたの。この約束は守ってきたわ。苦しみの中で、ゆっくりとではあるけれど、隷属状態にありながら自分の人間的な尊厳の感情をとりもどしてきたの。その感情は、今度はどんな外的なものも拠《よ》りどころにしていないし、いつも次のような意識をともなっていたの。それは、自分がどんなものにも権利を持たないこと、苦しみとはずかしめからまぬがれている一瞬一瞬は、いわば恩寵《おんちょう》のようなもの、多くの幸運から生じた一つの結果のようなものとして受けとるべきだという意識だったのよ。

この隷属状態には、二つの要素があるの。つまり、スピードと命令よ。スピードとはこういうことなの。「注文を完了する」ために、一つ一つの操作を、思考よりももっとはやく、じっくり考えることはおろか、もの思いにふける余裕もゆるさないような速度でズンズン続けてやらねばならないということよ。一たん機械の前へ立ったら、一日に八時間は、自分のたましいを殺し、思考を殺し、感情を殺し、すべてを殺さなければならないの。怒っていようと、悲しかろうと、いやであろうと、怒りも悲しみもいやな気持も全部呑みこんで、自分の心の奥底に押しこんでしまわねばならないの。こういうものは、速度をおとすからよ。命令とは、こうなの。出勤のとき、名簿にチェックしたら、退社のときチェックするまで、あらゆる瞬間にどういう命令をうけるかわからないのよ。そして、いつも黙って、服従しなければならないの。命令は、実行するのがつらいこともあり、危険なこともあり、また、実行不可能なこともあるわ。二人の上役から、まるで正反対な命令を与えられることもある。でも、そんなことはどうでもよいのよ。とにかく、黙って、屈服するのよ。上役に口答えすることは、——どうしても必要な場合でも、——その上役が、よい人であるとしても(よい人でも、きげんのわるい時があるものね)——それはつねに激怒をまねく目にあうことよ。そういう目にあったら、さらに沈黙しつづけねばならないの。自分がいらいらしたり、きげんのわるいことがあっても、ぐっと呑みこまねばならないの。言葉や行動にあらわしてはいけないの。行動は四六時中、労働のためにしばられているんだもの。こういう状況では、思考は小さくかじかんでしまうわ。ちょうど、メスをあてられる前に肉体がちぢむように、思考もちぢんでしまうわ。人は「意識を持つ」ことができないのよ。

これはみな、もちろん、未熟練工の場合よ(とくに、女性の)。

こういう中にあっては、一つの微笑、一言のやさしい言葉、ほんのわずかな人間的なふれ合いでも多かれ少なかれ特権を持った人間の中のもっとも献身的な友情より、もっと価値があるのよ。ただ、ここにおいてだけ、人間的な友愛の心がどういうものかが理解できるのだわ。けれども、そういう心は少ないの、ほんとうに少ないの。たいていの場合、仲間どうしの関係すらも、この内部を支配している冷酷さを反映しているの。

まあ、ずいぶんおしゃべりしたようね。このことについてなら、何冊も本が書けそうよ。

S・W

まだ言っておきたいことがあったのよ。こういう苦しかった生活から現在の生活へもどったために、自分が堕落したような気がするの。今こそ、労働者が「終身雇傭《こよう》」されるとは、どういうことなのか、よく理解できるわ。できるだけ抵抗するつもりよ。このまま、ずるずる身をまかしてしまえば、何もかも忘れてしまい、特権の中に安住してこれが特権であることも考えなくなってしまいそうよ。安心してちょうだい、引きずられて行きはしないから。それは別として、わたしは、あの生活で、すっかり陽気さをなくしてしまった。心の中にはにがいにがい思い出だけが残って、消えそうにないわ。けれど、それでもやっぱり、ああいう生きかたができたことを、幸福だと思っているわ。

この手紙を残しておいてね――いつか、あの女工生活の記録を全部集めたいと思うときがきたら、また、返してほしいとおねがいするかもしれないから。このことについて何か本でも出そうというためではないのよ（少なくとも、今そんなつもりはないわ）、ただ、自分が忘れてしまうのを防ぐためよ。こんなふうに急激に生活の仕方をかえると、忘れずにいることは、困難なことだものね。

ある女生徒への手紙（一九三四年）

なつかしいかたに

ずっと前からお手紙をあげたいと思っていたのですが、工場で働いていますと、とても手紙ひとつ書く気になれないのです。わたしがやっていることを、どうしてご存知になったの。きっと、デリュウ姉妹からお聞きになったのね。でも、そんなことはどうでもいいこと、わたしもあなたにはお話しておこうと思っていたところでした。ただ、このことはだれにも言わないでおいてくださいね。まだ言っていなかったら、マリネットにも言わないでくださいね。わたしのやっていることは、いつかもお話したことのある「現実の人生との接触」ということなのです。わたしにこういうことができるようになったのは、まったくの幸運によるのです。わたしの親しい仲間のひとりが、会社の専務取締役を知っていて、わたしの希望を伝えてくれたのです。この人も了解してくださったのですが、こういうことは、この種の人の場合、ほんとうにめったに見られないような心の広さを示してくださったものと言えるでしょう。今日では、労働証明書なしに、工場に入ることは、ほとんど不可能です。——とくに、わたしのような、ぐずで、不器用で、たいして頑丈でもない者の場合いっそうです。

ここで、いそいで言っておきたいのですが、――あなたが、ひょっとすると、将来、わたしと同じ方面に進んでみたいなどと思いつくことがあるかもしれないので、――工場で働くことができるようになったのは、どんなにうれしくても、やはり、わたしとしては、こういう労働につながれなかった方が幸福だったと思うのです。わたしはただ、「個人的な研究」のために、一年間休暇をとったというだけなのです。これが男の人なら、手先がたいへん器用で、知力も十分、がっしりと頑丈でさえあれば、フランス産業界の現状においても、最悪の場合でもまだ希望があり、いつかは工場の中で、興味もあり人間的に仕事もできる地位に達することもできるでしょう。もっとも、合理化が進むにつれて、こういう種類の可能性は日一日と少なくなっていますけれど。女たちときたら、まったく機械的な仕事の中にとじこめられています。そこでは、ただ少しでもはやくとばかり、せきたてられるのです。機械的といっても、仕事をしながら、のんびり何かほかの夢想にふけっていられるというようなものだと思わないでください。まして、じっくりものを考えるなんてことは、とてもです。そんなものではなく、こういう状況の悲劇的なことといったら、仕事が機械的すぎるので、とても思想がわいて出てくるどころではなく、しかも仕事以外のことはなにひとつ、考えさせようとしないのです。考えるということは、もっとゆっくり進むことです。ところが、情容赦のない官僚どもの定めたスピードの基準《ノルマ》があって、どうしても、それを実行しなければならないのです。そうしなければ、馘《くび》になるし、十分な稼ぎもできないからです（給料は能率給です）。わたしは、いろんな理由があって、まだ一度もノルマを達成したことがありません。慣れていないということもあり、生れつき目立って不器用だということもあり、生れつき、どことなく動作がのろいということもあり、頭痛もあり、いくらか考えるくせがついているので、どうしてもそのくせから脱けられないということもあります……だから、もし上の方からの庇護《ひご》がなければ、門の外へポイとほうり出されていただろうと思います。ひまな時間は、一応理論的には、一日八時間労働なので、かなりあるはずですが、実際には、疲労のためにないのも同じことです。疲れると、何をする気もなくなってしまうことがたびたびです。その上に、言うべきことを全部言っておくとすれば、工場では、たえず人の下になってくらしているということです。いつも、上役の命令に服して、屈辱を感じながらくらしているということです。もちろん、こういうことが体力などを消耗させるかどうかは、人の性格によって多い少ないがあることでしょう。そういう小さい差をみとめなければなりません。けれども、とにかく大まかに言えば、そういうことなのです。

それでもやっぱり、――こういういろんなことに苦しみながらも、――わたしは今ある所にこうしていられることが、言葉に言いつくせないほど、幸福に思われます。このようにしたいと思ったのは、もう何年ともしれないほどむかしからのことですし、今やっと、その希望がかなえられたことをどうして残念に思うでしょう。ほんとうに今こそ、わたしは、こういう経験が与えてくれる利益を十分にくみつくすことができるからです。とりわけ、わたしは、自分が抽象の世界からぬけ出し、現実の人間のただ中へはいったのだという感じを持っています。現実の人間、――よい人もわるい人もいますが、それは真底からの人のよさであり、真底からの人のわるさです。工場の中では、とくに人のよさが存在するときには、どことなく現実的な感じがします。というのは微笑ひとつすることから、何か人のためにしてやることまで、どんな小さい親切な行ないをする場合でも、疲労にうちかち、給料の執着にうちかち、自分を苦しめ自己本位にならせようとするあらゆるものにうちかつことが要求されるからです。同じように、今自分の生きている条件をこえて、思考を高めて行くことも、ほとんど奇跡的な努力を要します。大学にいるようなわけにはいかないのです。大学では、考えるために、少なくとも、考えているらしいふうをよそおうために、給料が支払われているのです。ここでは、むしろ、考えないために給料が支払われている傾向がありそうです。ですから、たとえチラッとでも知性のきらめきが見られたら、それがにせものではないことは確かなのです。こういうことはみな別として、機械それ自体はわたしにとって魅力もあり、またたいへん興味もあります。わたしが工場に来ているのは、主としていくつかの明瞭な問題について教わるためでもあるとつけ加えてもよいでしょう。いずれもわたしが関心をもっている問題で、その一々をあげることはできませんが……

わたしのことばかり、しゃべりすぎました。こんどはあなたのお話に移りましょう。お手紙を読んで、こわくなりました。あなたは、ありとあらゆる感覚を可能なかぎりきわめつくすことを今後とも第一の目的にしたいと言うのですが、——このことは、一時的な精神状態というだけなら、あなたぐらいの年代には、ごく正常なことですが、——そんなことでは、行きつく先が見えています。わたしは、あなたが現実の生活と接触したい希望があるのだと言ってくれたむかしの方がもっとよかったと思います。あなたはおそらく、結局それは同じことだと信じているのかもしれませんが、事実は、まさに正反対なのです。ただ感覚でだけ、感覚のためにだけ生きてきたような人々がいます。アンドレ・ジイドなんかは、その例です。こういう人は、人生に幻滅を感じているのが実状であり、自分でもおぼろげながら、それがわかるので、いつも深い悲哀のうちに沈んでいます。そこではもう、あわれにも自分自身をいつわり、自分を麻痺させて行くほかに、のがれる道は残っていないのです。いったい、人生の現実は、感覚ではなく活動だからです。——わたしの言うのは、思考の活動のことであり、実際の活動のことでもあります。感覚だけで生きている人々は、物質的にも、精神的にも、仕事をし、創造する人たちにくらべますと、寄生虫みたいなものにすぎません。そして、この仕事をし、創造する人たちだけがまさに、人間なのです。この人たちは、強《し》いて感覚を追い求めませんが、かえって、それを追い求める人々よりももっと強烈な、もっと深い、もっと人工的でない、もっと真実な感覚を受けとるのだとつけ加えておいてもよいでしょう。とにかく、感覚だけを追求することの中には、エゴイズムが含まれており、そういうエゴイズムは、わたしにはぞっとするほどいやらしい感じがします。もちろん、それでも愛することのさまたげにならないでしょうが、結局は、愛する人を、単に楽しんだり、苦しんだりするのに一時的に利用しているにすぎず、相手が独自に存在することを完全に忘れてしまうことになりかねないのです。幽霊のまん中に生きているようなものです。生きているよりも、夢ばかりみているのです。

恋愛のことでは、あまりよい助言もしてあげられませんが、ちょっとした注意ぐらいなら言えると思います。恋愛には、ともすると自分自身の人生も、もう一人の人間の人生も永遠にがんじがらめにしてしまうような非常に重大な要素があるということです。ふたりのうち、一方が相手を自分のおもちゃにしてしまうということがなくても、こういう危険はいつもあるのです。まして、よくあることですが、他人をおもちゃ扱いするということになれば、恋愛を何かきたならしいものにかえてしまいます。おわかりでしょうか。恋愛の本質は、要するに、ひとりの人間がもう一人の人間を全心身をあげて欲求するにいたるという点にあります。——その欲求は、場合によって、相互的であることもあり、ないこともあり、また、永続することもあり、そうでないこともあるでしょう。ここで、問題は、かかる欲求と自由とをうまく折り合わせることにあります。人間は、この問題をめぐって、はるかな大むかしから、論争を重ねてきました。ですから、恋愛がどういうものかを見てみるためだとか、あまりにも憂鬱な人生にいくらかでも活気を与えるためだとかの名目で恋愛をもとめる考えは、わたしには危険だと思われますし、また何よりあさはかに思えます。ぜひお話しておきたいのですが、わたしがあなたぐらいの年頃か、あるいはもう少し年上の時分、恋愛とはどういうものか知りたいという誘惑にさそわれたことがありますが、そのときわたしは自分に次のように言い聞かせてその誘惑をしりぞけたことがあります。つまり、自分が人生において一般に何を求めているのか、人生から何を期待しているのかを正しく判断できるほど成熟した年頃にもなっていないのに、はやくも自分の全人生を、予測できない方向にしばりつけてしまう危険はおかさない方がよいのだと考えたのでした。自分のことをあなたに、お手本にせよというのではありません。各人の人生は、それぞれ独自の法則にしたがって動いて行くものです。けれども、何かそこに反省の材料を見つけてくれることはできるでしょう。さらに言えば、恋愛には、盲目的に自分の人生をがんじがらめにするよりもっとおそろしい危険が含まれているようにわたしには思えるのです。それは、自分が深く愛されていると、相手の人生を意のままに左右しうる者になる危険です。結論としてわたしの言いたいことは（ただ、ほんの参考として言うだけですが）、恋愛を避けなさいというのではなく、それをあまりに追い求めてはいけないということなのです。とくに年が非常に若いときには、そうなのです。ですから、まだしも恋愛などにはめぐりあわない方がよいとわたしは思います。

あなたは、周囲の環境に対して自分の方からはたらきかけて行くことができるようにならねばならないと思われます。あなたの所有している国は、限られた書物の世界にすぎないのです。それだけではとても、完全というには程とおいのですが、さらに具体的な生活を知るための準備という意味なら、十分でしょう。わたしは、あなたが学校の勉強にももっと熱心になってほしいなと思っています。学校でも、あなたは自分で思っているよりもっとはるかに多くのことを学ぶことができるはずです。まず第一は、仕事をすることです。自分の今やっている仕事がろくにできない人は、どんな分野の仕事をしても、なにひとつりっぱにできるはずがありません。そして次には、精神の訓練をすることです。幾何学の礼賛をくりかえすことは、もうよしましょう。物理学について、次のような練習をしてみることをすすめたことは、ありませんでしたか。正しい理論が立てられているものとそうでないものとを、見ぬくけいこを積んで、教科書や講義の批判をするのです。やってみると、おどろくほどたくさんな誤った理論が横行していることがわかるでしょう。こういう遊びは非常に有益ですから、ぞんぶんに楽しんでやっていれば、自分でも思いもよらないうちに、授業の内容をおぼえこんでしまっていることがよくあります。この点、歴史や地理になると、あまり図式化しますと、かえってまちがったものを覚えてしまうことになりかねません。けれど、こういう学科は勉強しだいで、しっかりした基礎を身につけることができ、そのあとは、自分の力で、一定の時間や空間における人間社会について、正しい概念をつかんで行くことができます。社会的な問題に関心を持とうというほどの人なら、こういう手順を欠かすことはできません。フランス語のことはなにも言いませんが、あなたはきっと自分の文体を作り上げていると思います。

あなたが高等師範学校《エコール・ノルマル》の準備をする決心をされたと聞いて、ほんとにうれしく思いました。おかげで、わたしも気にかかってしようがなかったことから、やっと解放された気持でした。ただ、そのことはあなたご自身の気性と合わないように思われますので、それだけがやはり一ばん気がかりです。

あなたは、一生の間、どうしても多く苦しまずにはおれないような性格の持主だと思います。きっとそうだという感じがするのです。あなたという人は人一倍血の気の多い、烈《はげ》しい気性の人ですから、今の時代の社会生活には、とても順応して行けないのです。でも、そんなふうなのは、あなたひとりではありません。それに、苦しむといっても、そこに深いよろこびが感じられるのなら、なんでもないことです。大切なことは、自分の人生に失敗しないことです。そして、そのために、わが身にむち打って行かなければなりません。

あなたがスポーツをすることができないのは、ほんとうに残念に思います。それこそ、あなたにぜひ必要なことでしょうに。ご両親になっとくしていただけるよう、いっそう努力してごらんなさい。せめて、山々をたのしく歩きまわることだけでも禁止されないようにとねがっています。山へ行ったら、わたしのかわりに山によろしく言ってください。

工場に来て、わたしも気がついたことですが、体力や、敏捷《びんしょう》さや、目のつけ所の確かさにおいて欠けた点があると何もかもがたがたとくずれてしまいそうな、うちひしがれた気持になります。この点については、わたしはあわれなことに、二〇歳より前に身につけておかなかったため、今となってはもうなにひとつ取り返しがつきません。あなたはできるだけ、筋肉や手や目をきたえておいてください。このことはどんなに言っておいても、言いすぎはないはずです。こういう訓練をしておかないと、自分にはどこかしら不完全なところがあるような気がするものです。

お手紙をください。お返事は時たまにしかあげられませんけれど。書こうとすると、わたしはそれにもう極端につらい努力をしなければならないのです。手紙はパリ第一五区、ルクールブ街二二八番地あてに送ってください。工場のすぐ近くに小さな部屋を借りているのです。

楽しい春をすごしてください。空気と太陽の光（もし、太陽が出ていたら）を存分に吸いこんでください。よい本をお読みなさい。

お元気で*

S・ヴェイユ

*訳注　原文ギリシア語。

ボリス・スヴァリーヌへの手紙（一九三五年）

金曜日

親愛なボリス、むりにでも、あなたにあてて数行の手紙を書かなければならないのです。そうでもしなければ、わたしの新しい経験から得た最初の印象を、ただの一行も記録にとどめておく勇気はでてこないでしょうから。例のいわゆる「感じのいい小さい工場《ボワット》」は、接してみますと、まず、相当大きい工場であることがわかり、次いで、何よりきたない、非常にきたない工場であることが判明しました。そのきたない工場の中に、特別に不潔な作業場があり、それがわたしの作業場なのです。忘れないうちに、あなたを安心させるために言い添えておかねばなりませんが、午前中だけで一応そこから出してもらい、静かな片隅の小さい場所へ移されました。まあ、来週中はそこにずっといられると思います。そこでは、機械を扱わなくてすむのです。

昨日は、一日中、同じ仕事をやっていました（プレスで金属の型打ちです）。四時まで一時間四〇〇個の速度で仕事をしました（わたしの給料が一時間あたり三フランになるのに注意してください）。四時に職工長がやってきて、八〇〇個やらないと馘《くび》にすると言うのです。「今から八〇〇個できたら、お前さんをそのままおいてやるのを、承知してやってもよい」。おわかりですか。くたくたに働かして死ぬほどの目にあわせながら、まだ恩恵をほどこしているつもりなのです。ありがとうと言わねばならないのです。わたしは、全力をふりしぼって、一時間六〇〇個に達しました。ですから、とにかく今朝もまた、こうして工場へ来させてくれました（女工が不足しているのです。工場の居心地がよくないので、従業員がいつかない上、軍需で緊急の注文があるからです）。さらにもう少しがんばって、なお一時間、その仕事をやり、六五〇個を少し出るぐらいを仕上げました。このほかにもいろいろと、たくさんな仕事をやらされましたが、いつも同じ命令つきでした。すなわち全速力をあげてやれというのです。一日に九時間も（午後は一時にはじまるからです。前にお話したように一時一五分ではないのです）、女工たちはこうして、文字どおり一分の休みもなく働きづめに働きます。仕事がかわったり、作業場がどこかをさがしたりするときにはいつも走りながらです。流れ作業になっていて（それを見たのは初めてですが、気分が悪くなりそうでした）、ある女工の話では、この四年間に、その速度が倍になったということでした。今日もまた、職工長が流れ作業中の一女工を機械からどかせて、自分がかわり、一〇分間全速力で働いてみせ（後で休めるのなら、こんなことは簡単なことです）、もっとはやくやれるはずだということを示してみせました。昨晩、退けたときのわたしの状態は想像していただけると思います（さいわいに、頭痛が小休止状態にあるのがせめてものことです）。着がえ場ではほかの女工たちはまだおしゃべりをする余裕があり、わたしが胸の中にたまったいきどおりをどうしようもない気持でいるのに、一向それらしい様子もみえないことを観察して、おどろきました。もっとも、何人か（二、三人）は、それに類した気持をもらしていました。その人たちは、病人で、しかも休むことのできずにいる人たちでした。ご承知のことですが、プレス機械では、ペダルを踏まねばならず、この作業は女にはどうもよくないようです。ある女工は、卵管炎にかかったことがあるので、プレス以外の部署につかせてもらいたかったのだが、だめだったと話していました。今では、この女工は、とにかく機械にさわらなくてもよい所に移っていますが、健康をすっかりこわしてしまっています。

また、これとは別に、流れ作業についていて、先ほど一緒に電車で帰ったある女工は、こんな話をしてくれました。何年かたつと――一年間でもよいのだが――疲れてへとへとになっていることは自覚しながらも、もう苦しいという気持はなくなるようになるというのです。これこそ、堕落の最後の段階だと思われます。彼女は、自分や自分の仲間が、どんなふうにしてこういう隷属状態におとし入れられて行ったかをいろいろ語ってくれました（とにかく、わたしにはそれが隷属状態だということはわかったのです）。彼女はこんな話をしたのです。五、六年前は、一日七〇フランかせいでいた。「七〇フランもらうためにゃ、なんでもハイハイとやったね。くたばってしまう位働いたもんだね」。けれど、今では、ぜひとも七〇フラン必要だということのない人たちは、流れ作業で、一時間四フランと諸手当をもらうことで満足しています。とすれば、労働運動、ないし自称労働運動をやっている人たちの中で、高い給料を受けていながら、労働者階級は、堕落させられ、腐敗させられつつあると考えたり、言ったりできるほど勇気のあった人は、これまでいたでしょうか。労働者は、たしかに、こういう運命を当然受けねばならなかったのでしょう。ただ、その責任は集団的ですが、苦しみは個人的なのです。まっすぐな心をもった人なら、こういう歯車装置の中に自分も組みこまれていることを知るとき、血のなみだを出して泣かねばならないところでしょう。

ところで、わたしは、自分がどうして逃げ出したいという誘惑に抵抗していられるのか、あなたに教えていただきたい位です。わたしがこういう苦しみに服さねばならないという必然は何もないからです。そのわけはこうなのです。もう実際とてもがまんができないという時でも、わたしはこういった誘惑をほとんど感じないのです。つまり、この苦しみを、わたし自身の苦しみと感じないで、労働者の苦しみとして受けとっています。わたし個人が苦しみをうけていようと、いまいと、そんなことは、ほとんどどうでもよい、小さな事にすぎない気がします。ですから、なんとか知って、理解できるようになりたいという望みは、うちかちがたいほどに強いのです。

それはともかく、こんな地獄のような作業場にこのまま置かれていたら、いくらわたしでも、たぶん辛抱できなかったでしょう。今いるこの一隅では、一緒にいる工員たちもなんの気がねもありません。同じ工場の建物の中でも場所がかわると、こんなにもちがうものとは、思いもよりませんでした。

さて、今日はまあよけいなおしゃべりをしてしまいました。お手紙を書いてしまってから、いささか後悔している位です。それでなくとも、お気の毒な境遇にいらっしゃるのに、わたしがさらに陰気なことばかりお話して、ほんとによけいなことでした。

心から、さようなら

S・W

Xへの手紙の断片（一九三三―一九三四年のものか）

拝啓

お返事がおくれてしまいました。お目にかかるお約束が、なかなかうまくまとまりません。わたしは、ムーランには、月曜日の午後相当おそくでないと（四時頃）まいれませんし、九時には出発しなければなりません。お仕事のやりくりがついて、もしこの間の何時間かをご都合つけていただけるようでしたら、むろん、参上いたします。その場合、わたしはムーランをよく存じませんので、事情ご斟酌《しんしゃく》の上、確かな会合の場所を、あなたさまの方でお決めくださいますようおねがい申し上げます。万事うまくはこぶように、期待しております。お手紙をお送りするより、直接お話申し上げる方がお互いに好都合かと思っております。

そういうわけで、お手紙を拝読して心に思いつきましたことを申し上げるのも、この次お会いする折まで控えておいた方がよかろうと考えております。ただ、あなたさまのご講演をお聞きしました時から、疑問に思い、気がかりになっておりました点だけをお伝え申し上げます。

あなたさまは、人間はみな、（人生に継起する）一連の出来事を自由に操り、そういう一連の現象を動かしている存在であるとおっしゃっておられます。

わたしの思いますのに、人間が自分の人生に次々と起こってくる現象に対しどれだけ積極的な態度をとるかどうかに応じて、人間とそういう現象の間にもいろんな種類の関係が生じるので、まず初めにその区別をしなければならないと存じます。人間が現象そのものを創造する（案出する……）こともできる、――思考によって、再創造することもできる、――思考はしないが、実行にあたることもできる、――他人が考え出し、実現する現象のきっかけとしてだけ役にたつこともできる、……というぐあいです。しかし、この点はとにかく、はっきりしております。

わたしがいささか気がかりであると申しますのは、次の点でございます。あなたさまはたとえば専門工は、一たん工場から出ると、もはや一連の因果関係の系列に閉じこめられてはいないと言っておられますが、おっしゃっておられますことは、たしかにそのとおりでございましょう。けれども、そこからどういう結論を出されるのでございますか。もし、人間はみな、どんなに抑圧されていようとも、なお毎日、人間としてのあかしを立てる機会を失っていないし、したがって、人間としての品格を完全になくしてはいないのだと結論なさるのでしたら、たいへん結構なことでございます。しかし、ルノー工場、またはシトロエン工場の専門工の生活は、人間的尊厳を保って行きたいとねがう人の受け入れるに足る生活であると結論されるのでしたら、ご意見に従うことはできません。もちろん、わたしは、あなたさまのお考えがこのようなものであろうとは思っておりません――それどころか、むしろ逆であろうと確信しております――ただ、この点につき、最大限確かなところを知りたいのでございます。

「量が質に変化する」と、ヘーゲル以後のマルクス主義者は言っております。画一的なもの、および十ぱ一からげ的なもの、が各人の人生には、なるほどたしかに、起こってまいります。けれども、それも程度問題であり、概して、そういう画一的なものが人間を堕落させることなく、人生において占めうる位置というものにはおのずと限界があると、言えましょう。なお、この点については、あなたさまもわたしも、考えは同じであろうと思っております……

解説

田辺保

一

一九四二年一月といえば、シモーヌ・ヴェイユがニューヨークへ渡り、やがて英国のロンドンへ引返してアシュフォードの病院で死ぬわずか一年前のことだが、南仏のマルセイユでふと出あったたましいの師ペラン神父にあてた手紙の中で、彼女は次のようなことを書きとめている。

「……人々がわたしに対して自分たちの気持を隠さず、ありのままの姿を見せてくれるために、少なくとも意識がその中でどんな異和感も感じず、その中へ溶けこんでいられるという範囲内で、人々と同化し、人々と同じ色をまとうことによって、その人々の中を、さまざまな人間的環境の中を通って行きたいという本質的欲求を、わたしは持っております。それを、神の召命と呼んでもよいと思います。それは、ありのままのかれらを愛するために、かれらを知りたいと思うからです。なぜなら、ありのままのかれらを愛さないなら、わたしはかれらを愛しているのではなく、わたしの愛はほんものではないからです……」

(『神を待ちのぞむ』に所収)。

一九三四年、シモーヌ・ヴェイユが工場へ入った動機の最大なものは、この本質的欲求のゆえであったと断言できるだろう。この願いが、もっとも純粋な形で彼女の生涯を初めから終りまでつらぬいていたといってよい。シモーヌ・ヴェイユの生涯とは、こういう絶対の愛に憑《つ》かれた人の生涯であった。わたしたちはともすると、優秀な女性哲学者が一年間職を捨てて一介の女工になったというセンセーショナルな出来事にふと表面的な興味をさそわれたり、また、一九三〇年代に生きたひとりの知識人女性が当時の労働者の疎外状況を身をもって知るために工場へとびこむという実験を自ら意識的に課したのだとする説明によってこの出来事の意味を理解したと思いこみ、彼女の言葉をただ特定の時代と社会のあまたある部分的証言のひとつにすぎないと片づけてしまいがちである。なるほど、わたし自身をも含めて一般の読者が、まずシモーヌ・ヴェイユという存在に注目するのは、こうしたうわべにあらわれた生涯の転変の異様さ、日常生活の平穏と常識を打ち破る行動への一途な献身の姿に衝撃を与えられたことが契機になっている場合が実際は多いのかもしれない。しかし、そういう表面上の突飛さ、奇矯《ききょう》さへの興味にとらわれているなら、シモーヌ・ヴェイユの本質的な問題はいっさい、わたしたちの手からすりぬけてしまうといえよう。彼女の研究家マリー・マグドレーヌ・ダヴィは、あいつぐ社会参加によって成り立っている彼女の姿勢について、「偶然的な結びつきを超越するひとつの明確な使命への忠実」こそが問題とされねばならないことを指摘し、「標準基音の〈ラ〉など持ち出したら、すべての調子が狂わされてしまう」といっている（『シモーヌ・ヴェーユの世界』山崎庸一郎訳、晶文社、五四、六一ページ）。めまぐるしく移りかわる現実と、さまざまな事象の局面に対応する主体の一見常に真摯《しんし》とみえるありかたの根底において、たえず唯一の真理だけがひたすらに求められていたのである。この真理への愛だけが、火となって燃えていたのである。だから、シモーヌ・ヴェイユは一つの思想に執着することはなく、ひとつの経験が完全に生きられたらそれをいぜんとして続行することはない。彼女とともに社会運動に挺身し、かなり急進的なコミュニズムのイデオロギーの旗印をかかげてたたかってきた僚友《りょうゆう》たちが、後年における彼女の変節を非難するのは当っていないのだし、わずか一年足らずではあったが、工場生活において「労働の条件」を残りなく味わいつくしたとき、彼女はこの事柄の根源的な意味について語りうるだけのものは保有していたのである。この工場生活から持ち帰られた直接のなまなましい記録である『工場日記』においても、わたしたちは、多様な記述の中から何が根本的に見つめられているかをじっと注視してみる必要があろう。

シモーヌ・ヴェイユの伝記については、現在では日本語で書きおろされたものも何冊かあり、リースやダヴィなど外国の研究書の翻訳も出版されて、この国の人々にもだいぶ知られるようになったが、それらのどの本にも好んで引用されている彼女の少女時代のいくつかの有名なエピソードがある。たとえば、第一次大戦中、五歳のシモーヌが前線の兵士たちの苦労をしのんで、チョコレートや砂糖を食べるのを辛抱したという話とか、ソルボンヌの学生時代には中国で大ききんがあり、飢えで倒れて行く人たちの出たニュースを聞いた彼女が急に泣き出したというふうな逸話である。こういう物語の主人公となった人物は、「いっぷうかわっている」ということで、しょせんうつり気な一時の好奇心の対象にされるにすぎないのだろうが、シモーヌ・ヴェイユの場合、こういった些事《さじ》ひとつひとつが本質的な人間のありかたと関連をもっているゆえにこそ見のがされてはならないのだし、また一部の人々に抑えようのない苛立《いらだ》たしさを与える原因になっているのだといえよう。ダヴィは、彼女の行為が一般から「狂気の沙汰」とみられるのは、彼女が「節度」や「妥協」といった基準をもってはまったく理解できない次元にいたこと、「困難への絶対的参加をめざす傾向」をもっていたためであると説明している。そういうことはシモーヌ・ヴェイユを聖女にまつり上げるためでは決してない。単に同情心とか感受性の鋭敏さとかに帰して片づけきれない、人間性の本然の成り立ちに根ざした深い平衡感覚が彼女には幼い頃からはっきりあらわれていて、それがことごとに世界の矛盾や苦悩に面したとき、さまざまに並外れた行動となってふき出してきたのであろう。この平衡感覚とは、彼女が用いた古代ギリシアのたとえを借りていうなら、つねに「両側に同じに傾いている秤《はか》り」であり、つねに勝利者の側を離れて敗者や弱者の方へと向かう性質をもった「正義」の感覚のことである。ひたすらに「真理」が純粋に求められているところでは、人間的な基準によっては到底評価しきれない何かしら根源と直結した「正しさ」が個々の具体的な行動をえらびとって行くのである。それは人間というものが生まれながらに根ざしている真実の基盤、人間性が究極において拠って立つことのできるもっとも深い根底とつながったものであるのかもしれない。シモーヌ・ヴェイユの純粋さといわれるのは、こうした根基に根ざし、つねにこの「正義」感につき動かされて、ほとんど衝動的に自分の立つべき立場をえらびとってきた点にあるのだといってよいのだろう。第一次大戦終了後、九歳のシモーヌは、勝利に酔った連合国側が屈辱的なヴェルサイユ条約を敗戦国ドイツに課したとき、自分の国が他国に与えたこのはずかしめを自国の受ける恥辱以上に堪えがたく感じたといわれる。一九三六年七月、スペインの人民戦線政府が軍部のクーデタに対抗して労働者に武器を持たせて立ち上ったときも（スペイン市民戦争）、彼女は本能的に「力のより少ない側」、「より他からはずかしめを受ける側」へと加担するために、病身の女性という身でありながらただちにバルセロナへとかけつけたのであった。いったん、こういう「愛の衝動」が彼女の内にもえはじめるとき、それを押しとどめることのできるものは何もなかった。彼女を批判的にみていた人たちの嘲笑や中傷はもとより、良識ある友人たちの勧告や制止すらも、彼女の決意をさえぎることはできなかった。彼女が国立高等中学校の哲学教師という職にありながら一工場労働者となり、工場の近くの女中部屋を借り、労働者たちと同じ生活条件、同じ意識をもって生きる試みに身を投げたのも、この衝動に迫られたからにほかならなかった。

工場入りまでのシモーヌ・ヴェイユの経歴をあらまし略述しておこう。一九二八年から三一年までパリの名門、高等師範学校に在学したが、すでにその頃からマルクス主義思想や各種の社会運動に非常な関心を寄せていた。当時の師範学校長ブグレは、パリ・コミューンの女性闘士ルイズ・ミシェルのあだ名であった「赤い処女」の名でシモーヌ・ヴェイユを呼んでいたというが、ことあるごとに過激な行動で学校当局を困らせていた若い日の彼女の様子がよくうかがわれる。一九三一年に学校を卒業、ただちにその秋より南フランス、オート・ロワール県ル・ピュイ市の女子高等中学校に哲学教師として赴任したが、さっそく町の失業者たちと連帯し、失対事業の賃上げ交渉のために市当局へ陳情に出かける一団の先頭に立ったりした（ヴェイユ事件として有名）。ル・ピュイから六十キロメートルばかり離れた炭坑町サン・テチエンヌの坑夫たちとも接触をもち、その組合活動に協力したり、労働者の学習サークルの講師として働いた。当時ロワール県連の役員をしていたテヴノン夫妻と知り合ったのもこの町においてであった。ピエール・アルノーが「自分の手を使って、生活の資を得ている人たちのところへおもむくときの彼女には、心からなよろこびが溢《あふ》れている」と述べていることからもわかるとおり、労働者たちの中に溶けこみ、その人たちと哀歓をともにしているときの彼女には、いきいきした張りがみなぎっていた。

この時代の彼女の面影については、本書の冒頭におさめたアルベルチーヌ・テヴノン夫人の序文にくわしい。ル・ピュイでも彼女は、失業者たちの受ける五フランの手当と同額の生活をし、自分の給料の大半は職を持たぬ貧しい人々に与えてしまっていたといわれる。みずから鑿岩機《さくがんき》をかかえて炭坑の底にはいりこんでみたり、えりぬきの闘士たちと腕を組んで坑夫たちのデモの先頭に立ったりした。二十歳から二十五歳くらいまでのシモーヌ・ヴェイユの姿は外側から見ているかぎり、標準以上に激しい左翼運動の闘士のそれであったといってよい。しかし、その彼女を内部からつき動かしていたものについて、テヴノン夫人は的確に見通しているし、その分析は鋭くまた感動的である。ル・ピュイ以後、オセール、ロアンヌと一年ごとにシモーヌ・ヴェイユは転任を強いられたが、勿論《もちろん》それはこうした一連の激烈な彼女の活動に刺激された当局者が意図的に行なった配転であった。一九三三年八月、『プロレタリア革命』誌に発表した論文「展望――わたしたちはプロレタリア革命にむかっているのか」を初めとして、当時彼女は地区の前衛的な雑誌や組合新聞に次々と時事問題を扱った尖鋭《せんえい》な文章を寄せている。こうして、一九三四年十月、新学期がはじまろうとする時期に、とつぜん彼女は「個人的な調査」を理由に一年間の休職を願い出たのである。論文執筆のための休暇という触れこみであったが、事実はこの年十二月四日火曜日、彼女はパリ、ルクールブ通りにあったアルストム電機会社の工場へ一女工として入社したのである。

二

このときシモーヌ・ヴェイユは二十五歳であった。彼女の伝記作者ジャック・カボーは、彼女がひとつの人生の転機に立っていたのだといっている。肉体労働にとびこむためのエネルギーも意欲も、この年齢において限度に達していた。加えて、幼い頃から身に負ってきた肉の病いとの日々の格闘の中で、真の目標がますます遠くへ追いやられる傾向があった（彼女は生まれながらに一種の血行障害があって、時々手がしびれて動かなくなることがあった。また、学生時代以後、間歇的《かんけつてき》におそってくる持病の頭痛があった。のちに「潜伏性竇炎《とうえん》」という診断の下されたこの頭痛の想像を絶した烈しさに生涯彼女は苦しめられ、シモーヌ・ヴェイユの思想の形成との関連の上でこの頭痛のもつ重要な意味についてはつねに指摘されている）。こうした状況の中で彼女は、テヴノンへの手紙の中にみずから記しているように、「これから先の人生を見とおして、人生を何か価値のあるものにしようというかたいくじけない決心をし、意志と働きによって、一たん決めた方向へあくまでその決心をつらぬいて行くということ」を試みようとしたのであった。工場入りは、労働者の窮迫状態を身をもってじかに味わいつくそうとする深い愛の動機にうながされていたとしても、若いシモーヌ・ヴェイユが教授資格者《アグレジェ》という特権的な身分をもっていた自分のついに知ることのなかった真の人生、現実の人生とここにおいて、きびしく痛ましく直面しようとする個人の倫理的決断によってふみ出されたものであったともいえよう。

彼女がアルストムへ入社することができたのは、たまたま友人のひとりが同社の専務取締役オーギュスト・ドゥトゥフを知っていて、ドゥトゥフが紹介状を書いてくれた結果によるのであった。善意の経営者ドゥトゥフに対して、シモーヌ・ヴェイユは終始好感をおぼえており、『ある女生徒への手紙』の中でも「この種の人の場合、ほんとうにめったに見られないような心の広さ」としてかれの美質を評価しているし、工場生活ののちも「改良の仕事」のために協力したいと申し出、かれに数々の意見をはばからずに書き送っている。実際、三六年以後ドゥトゥフら良心的な経営者が必要な改革について論じ合うため小グループを結成したときには、彼女は積極的にこれに参加し、のち『労働の条件』に収められた論文「企業内の新しい内部制度のための計画の諸原理」などをグループの雑誌に寄稿した。シモーヌ・ヴェイユが工場へ赴いたとき、いうまでもなく労働組合のオルグめいた意識はまったく持たなかったのだし、自分が肌で感じてきた抑圧の秩序の現実を、せめても人間的に改善することができればというのがこの体験を経たあとの彼女の主要な関心の的となった。のち、ロジエールの工場長にあてて書き送った手紙（『労働の条件』所収）などにも、労働者の隷属の条件をできるかぎり人間的な尊厳を拠り所にしたものにかえて行きたいという彼女の希望が随所に表明されている。こうした彼女の願いをさっそく、労資協調の甘い幻想などと批判することはまったくシモーヌ・ヴェイユの本質的な志向に無理解な反応であり、わたしたちは、工場入りの動機をも含めて、彼女の行動のすべてがこの世の機構や制度、諸現象の生起の中で人間性がおとしめられている真の状況をそのままの重量において受けとめてくることを目的としていたこと、人間が生きうる道のひそかな必死の探索であったことを忘れてはならないのだと思う。

ところで、彼女が女工になった頃、すなわち一九三〇年代初めのフランスの工場労働者の条件は、現在からは予想もつかぬ程ひどいものであった。彼女が属していた金属工作の未熟練工の場合、平均時間給は、牛肉〇・二四キロ、馬鈴薯《ばれいしよ》一・五キロ分にしか相当しなかった。しかも女子の場合、この平均値はさらに下まわり、二重に搾取されていたのだった。三六年にレオン・ブルムの人民戦線内閣が成立し、諸種の改善や団体協約などを実行にうつすまでは、工場の環境も労働条件も最低といってよい劣悪さの中にあった。しかも、生産効率をあげるためにテーラー・システムのような科学的管理法が工場内に導入され、時間測定によって一定時間内にある分量の仕事を果すというスピードと能率が労働者に課せられた。賃金も従って、出来高払いの能率給であった。賃金の絶対的な低さとともに、こうした合理化がどれほど労働者を屈従におとし入れ、その人間性を踏みにじるものであったかを、シモーヌ・ヴェイユもまたあらゆる場合に体験し、くりかえし具体的な例に即してその隷属の苦しさを告発している。

こうした環境の中で、前述したように自由に手足を動かせない障害、時と所をかまわず発作的に起ってくる頭痛をもっていたひとりの女性が、一般の労働者以上にこの状況のもたらす苦痛を味わったであろうことは容易に察せられる。さらにこの人は、人並すぐれた感受力とめったにない「共感（むしろ共苦）」の能力の持主であった。はげしい頭痛、耳や目の痛み、吐き気、食欲不振、不眠など、連日のようにおそいかかる肉体の疲労や病状の中で、ともすればうちひしがれそうになる気力を必死にもちこたえながら、彼女は高等中学校時代の師アランの教えに従い、毎日怠らずにペンをとってなまなましい体験を記録しつづけた。彼女の死後はじめて、ノートに書きのこされたこの記録が『工場日記』と題され、ほかに彼女の工場生活に関連して各方面に送られた手紙、労働問題を扱った諸論文とともに一冊の書物『労働の条件』（*La Condition ouvrière*, Gallimard, 1951）として出版されたのであった。残されたノートは一応全部活字に翻刻されたのであるが、フランス語原書の編集者も「判読不可能」と注記している個所が原稿にはいくつもある。脈絡をつかむことのできない、断片的な単語や文章がならび、意味不明の不可解な符号や略号が随所に挿入されていて、ともかくもここに見られるとおり全部を日本語におきかえはしたものの、本書の翻訳は何にもまして当時のシモーヌ・ヴェイユの日常生活の些事《さじ》に通じ内面の苦悩にまったき共感をもたなければほとんど不可能なわざであったといってよい。訳者はむろん、自分なりに四苦八苦の小さな努力は傾けつくしたつもりであるが、到底完全を期しえたとは誇言することはできない。『労働の条件』は、『重力と恩寵』『根をもつこと』『神を待ちのぞむ』『超自然的認識』に次いで刊行されたシモーヌ・ヴェイユの五冊目の本である。深い特異な神秘的宗教的思想家として、また、独特の霊感にみたされた文明論の著者としてしか彼女を知らなかった読者は、本書によってはじめて一九三〇年代の工場というきわめて現実的社会的な場、いわば、汗と涙と体臭とがたちこめている生きた人間たちのうごめく場所を通りぬけてきたシモーヌ・ヴェイユのまたとない貴重な証言に接することになったのである。『工場日記』という比類のないひとつのヒューマン・ドキュメントがわたしたちに語りかける真実は、単に非常な興味をさそいだす数々のデータにみちているばかりでなく、何よりひとつの重大な問題への問いかけをわたしたちにうながすのである。

シモーヌ・ヴェイユは一九三四年、アルストムへ入社した年の暮、クリスマスから新年にかけての休暇は両親のもとですごし、三五年一月二日なお風邪のあとの寒気が残るからだのままでふたたび工場へ戻ったが、二週間ほどたつとまた健康を害したので、こんどはスイスのモンタナへ転地して療養、二月二十五日に三たびルクールブ通りへ帰ってきた。しかし、四月五日にはついにアルストムを去らなくてはならなくなり（この間、三月十日前後にも十日間ばかりの休暇をとっている）、職を求めて奔走したあげく、四月十一日からブーローニュ・ビヤンクール（パリ南西の町）にあるバス・アンドル鉄工所カルノー工場で働きだす。この工場には一カ月たらずしかとどまることができず、五月七日にははやくも解雇された。彼女は一日三フラン余りで生活をつづけながら、新しい職場をさがし、一カ月後、六月五日にはルノーの工場へ入ることができた。五月にはすでに、秋からはじまる新学年のために教師としての復職を願い出ているから、これは最後に試みた工員生活の体験であった。七月三十一日、病気が極度にこうじたためもあって、シモーヌ・ヴェイユは決定的に工場から離れることになった。前年の十二月からこのときまで、期間こそ途中何度かの休止のときをも含めてわずか八カ月にすぎなかったが、この間彼女はプレス、フライス盤、かまどなどさまざまの種類の仕事に従事し、多数の同じ仲間と触れあってその苦しい境遇を見聞きし、労働者の受けていた重圧を残りなく味わいつくした。シモーヌ・ヴェイユの証言は、たしかに過大評価されている一面もあり、「個人的な不適応の余波」をこうむっている点があることも認めなければならない。だが、ダヴィやウージェヌ・フルーレ（『女工としてのシモーヌ・ヴェイユ』の著者）も書いているように、この証言の真実性はやはりそれとして高く評価されるべきであろう。何にもまして彼女における独自性は、労働の条件の非人間性の摘発や立証といった事実よりも、さらにそのことを超えて工場生活の体験を人間本来の生存の条件の考察にまで深めて行った点にあるというべきかもしれない。『工場日記』は一九三〇年代の社会学的記録であるにとどまらず、シモーヌ・ヴェイユという思想家の「形而上的日記」であるという一面をももつのである。

三

シモーヌ・ヴェイユは一年間の工場生活ののち、教職に復帰する前の夏、「身も心もこなごなになった」と思われる程の肉体の疲労、悲惨な精神的状態の中で、両親とともにポルトガルへ旅行する。彼女がペラン神父にあてて書いた手紙の中でも一ばん長い、「霊的自叙伝」とみずから題したものの中で、そのときの印象のひとつを次のように記している。「このように惨《みじ》めな精神と肉体の状況にあったわたしが、ああ、これもまた惨めなさまをしていたこのポルトガルの小村に、ただひとり、満月の下を、土地の守護聖人の祝日にはいっていったのでした。この村は海辺にありました。漁師の女たちは、ろうそくを持ち、列をなして小舟のまわりを廻っていました。そして、定めし非常に古い聖歌を、胸を引き裂かんばかり悲しげにうたっておりました。何がうたわれていたのかはわかりません。ヴォルガの舟人たちの歌を除けば、あれほど胸にしみとおるものを聞いたことはありませんでした。このとき、突然わたしは、キリスト教とは、すぐれて奴隷たちの宗教であること、そして奴隷たち、とりわけてわたしは、それに身を寄せずにはおれないのだという確信を得たのでありました」。

この記事は、シモーヌ・ヴェイユの宗教体験のひとつを伝えるものとして重要視されているが、わたしたちは工場経験の帰結がこうした性質の事柄であったことに何よりも注意しておかねばならないであろう。彼女にとって、工場とは現実の冷酷さがむき出しのまま、赤裸に露呈されているところであった。すでに、一九三四年、工場入りの直前に執筆したとみられる論文「自由と社会的抑圧との原因についての考察」の中の「抑圧の分析」の部分においても、人間は技術的な進歩の結果、形はかわってもやはり自然の盲目的な力の前にさらされていた原初の隷属の状態から脱していないことを説き、こうした隷従の条件こそ、人間本来の根本的様相であることを見すえている。一年間の工場生活を経て、彼女は抑圧のシステムが近代的な装いをつけてあらわれ、ひときわに人間性を屈辱の状態におとし入れている実態を、自分自身の味わった疲労感、屈従の思いを通してさぐりだしてきたのである。一九三〇年代の工場とは、シモーヌ・ヴェイユにとって誇張でなく、比喩ではなく、人生の苛酷《かこく》がなまの形でつき迫ってくる場所であった。彼女は労働者の条件をつきぬけて、人間の条件を見とおそうとしたといえるだろう。『工場日記』の冒頭に記されたエピグラフ、――ホメーロス『イリアス』からの引用句は、彼女が見ていた本質が何であったかを物語っている。わたしたちは、『工場日記』の記事を一片の女工哀史として涙しながら読んだり、労働者の疎外状況を摘発した書物として受けとって義憤にかられるというだけでは、シモーヌ・ヴェイユの思想の形成において工場経験の占めるはかり知れない重要な意味を見定めることができないのであろう。彼女がことさらに労働者の非人間的状況を強調しようとしていることをとり上げて、その感覚の異常さをあげつらい、ドキュメントの客観性に疑問を表明することもおそらくあたっていまい。「冷酷な必然の定め」に服し、なんらか根源的な苦悩の状態（この状態のことを、のちに、シモーヌ・ヴェイユは「不幸」という彼女独特の用語によって名ざすのであるが）につながれた人々は、長い間のはずかしめの結果として、思考の立ち入りをゆるさない、沈黙と虚偽におおわれた禁止地帯の中に閉じこもっている。いわば「島」のように不幸な人々が閉じこもったこの環境の中を通りすぎ、自分もまたその屈辱を残りなく味わった人間が、この「島」にあって得た経験を伝えるならば、その証言は大きい価値をもつといってよい。その経験が常時そこにいる者とは違った経験ではないかという批判に対しては、その場所に住む人々と自分とが別な人種に属するかのような意識で生活している「探険家の方法」によって、一種の遊戯としてそこへはいりこんで行くのでなく、自分がいずれは他所へ戻って行く旅行者であることを忘れるまでに苦しみのすべてを味わいつくす必要があろう。シモーヌ・ヴェイユという特異な共感の能力の持主においてはじめてこのことは可能であった。「不幸の第一の結果は思考が逃亡を欲しているということである。思考はみずからを傷つける不幸を眺めることを欲しない」（「工場生活の経験」一九四一－四二）。この不幸との直接の接触によってもたらされた彼女の報告は、沈黙している労働者たちが内面にたたえている痛めつけられた感情のひだを、いわば「釘づけられた思考の恒久的苦痛」を、みずからの経験との比較において、かれらの顔、目、身ぶり、態度、言葉の上に、また日々の大小の事件の中に読みとってきたものである。単なる印象の記述としかみられない文章の底に、これらの日常的な事象の背後にかくされた現実の重圧感を自分自身持ち堪えてきた作者のたましいの呻《うめ》きを聞きとるべきであろう。シモーヌ・ヴェイユの証言のあたいは、この点から評価しなくてはならないといえよう。

『工場日記』に記録された日々の見聞は、「頭の中に、胸の中に、そして肉体そのものの中にまでもしみ込んだ映像」となって彼女の内部に定着した。『労働の条件』後半におさめられた文章、とくに工場生活以後十年を経て書かれたものの中にまで、象徴的な意味をもった工場生活の諸場面がくりかえして描きだされているのを発見して、わたしたちは驚く。たとえば、朝、地下鉄の中で見られる、これから過ごすはずの一日に対する不安でゆがんでいる顔、苦悩にみちた目、夕がた退勤のときの態度、視線、そしてとくに唇の端のしわにしるされた深い、本質的な疲労、肉体の疲れよりもさらにひどいたましいの疲労の記述。さらにまた、工場の門の前でどしゃ降りの雨の中を並んで待っている女たち、四十歳を越えているという理由で職業紹介を拒絶されてすごすごと戻って行く男のこと、決められた製品の個数を完成できずに職長から叱責をうけ、たえず時間とスピードにせきたてられながら機械にむかう感情、タイムレコーダーに向かってひしめきあい、給料支払いの窓口に列を作って待つときのはずかしめられた気持……こうした諸光景や感情の起伏はそれぞれがひとつの「しるし」であって、ホメーロスやソフォクレスがえがいた「生きようとねがいながら、外側の運命のために押しつぶされるあわれな人間たち」の状況に通じ、表面上の形式こそちがえ、古くよりつねに抑圧にひしがれ、隷属につながれた人間性のありようを無惨に、痛ましくさし示している。事柄や意味は、シモーヌ・ヴェイユによってこのように見通されたのである。テヴノン夫人への手紙の中でも彼女は、工場へはいったとき、自分の「自尊心とか、自重の思いとかの拠《よ》りどころになっていたあらゆる外的な理由が、二、三週間で、毎日の生活の残忍な圧迫のもとでたちまち徹底的に」つきくずされてしまったことを語っている。『工場日記』にも随所に、

「奴隷的な条件への屈従」、「奴隷の感情」、「奴隷的な境遇」といった表現が見出され、「奴隷」である自分がどうしてバスのような便利な交通機関に乗せてもらえるのかと思ったという奇妙な体験の話がのせられている。「圧迫というものは、ある程度以上に強くなると、反抗への傾向ではなくて、完全な隷属へのほとんど不可抗的な傾向を惹起するということです」（「工場長への手紙」一九三六年）。毎日くりかえされる屈辱の体験によって、ついに彼女は自分の無価値と隷属感とを根底まで知らしめられ、この状態こそがまさにありうべき唯一の現実であると認識するにいたる。この思いを最後まで持ちつづけて行こうとするのが、残る後半生の彼女の決意となった。肉体の苦痛、人並すぐれた感受力のゆえに他者から受ける精神的な圧迫感に次いで、このとき彼女は、「社会的失墜」の不幸をなめつくしたのであった。シモーヌ・ヴェイユの不幸の体験は、一段の深まりをもったといえる。「無名の大衆といっしょ

になって、すべての人々の目にも、わたし自身の目にも、自他の区別のつきかねる工場内におりましたとき、他人の不幸がわたしの肉体とたましいの中にはいりこんでまいりました。何ものもわたしをその不幸から離れさせはしませんでした」(「ペラン神父への手紙」)。苦しむ人々との連帯感、無名のさまよう人々との一体化をねがう思いは、彼女においては、こうしたつきつめられた奴隷の感情の上に成り立っている。奴隷とは、この世にあって他になんの依拠できる対象も、頼みとする力ももたず、まったく状況の酷烈《こくれつ》さにさらされ、力の暴圧にうちひしがれた存在である。こうした徹底した奴隷意識をつらぬく中から、ふたたび人間として真に立つことのできる基点が見えはじめてきたことを彼女は友人テヴノンにあてて告げ知らせている。「わたしはそのとき、ローマ人たちがもっとも軽蔑した奴隷の額に押しつけた焼きごてのごとき奴隷の印を、永久に受けとったのでありました。それ以後、わたしはつねに自分自身を奴隷とみなしてまいりました」(「ペラン神父への手紙」)。「その感情は、今度はどんな外的なものも拠りどころにしていないし、いつも次のような意識をともなっていたの。それは、自分がどんなものにも権利を持たないこと、苦しみとはずかしめからまぬがれている一瞬一瞬は、いわば恩寵《おんちょう》のようなもの、多くの幸運から生じた一つの結果のようなものとして受けとるべきだという意識だったのよ」(「アルベルチーヌ・テヴノン夫人への手紙」、本書二三六ページ)。

工場という人間性を壊敗《かいはい》させる必然性の機構の中で、人間的な友愛の心をとりもどすためにはどこから出発すべきか、人と人とのつながりを回復するのにはどのような自己犠牲と献身が要求されるのか、こうした点に関してシモーヌ・ヴェイユが記しとどめたノートの数々は、のちに彼女が真にあるべき社会の基本的条件を摸索し、人間が相互に生きられる環境をヴィジョンとして描き上げるときに、その思考をさそいだす原点となったのである。彼女のキリスト教への接近、神秘思想への関心、新しい文明論の構想、晩年の生きざまの壮烈さなど、すべて一年間の工場生活の経験の延長線上にあったといってもよい。工場の中で多くの悪と悲惨さを見きわめてきた彼女が、おそらくは非常に困難であろうが、何よりもただひとつ目ざすべき道として、「まず技術者その他専門家たちが、ものを造ることだけでなく、人間を破壊しないこと」をつよく希求しているのは、わたしたちにとっても十分示唆的であるといえよう。

本書には、勁草書房刊（昭和四二年）『労働と人生についての省察』から『工場日記』の全部、およびシモーヌ・ヴェイユが工場生活中に書き記したノート、断片を主として収めるとともに、工場時代の前後に、サン・テチエンヌの組合仲間アルベルチーヌ・テヴノン、ロアンヌ高等中学校の教え子のひとり、民主主義共産同盟委員長ボリス・スヴァリーヌ、そしておそらくはロアンヌ時代に知りあった無名の一人物にあてられた手紙を資料としてつけ加えてある。

シモーヌへの手紙——学術文庫版へのあとがきにかえて

田辺　保

シモーヌ、あなたがわたしたちの間からいちはやく姿を消し、天へ去ってから、もう四十年以上にもなる（まだ四十年にしかならぬと言うべきだろうか）。あなたと一歳違いだったシモーヌ・ド・ボーヴォワール、ジャン・ジュネの死を、今年（一九八六年）、わたしたちはあい次いで知らされた。あなたももし天寿を全うしていたら……ああ、こんな想像は愚かなことなのかもしれない。三十四歳のあなたが、あの時、——あのけわしく、すさまじく、恐ろしかった時代のさなか、わたしたちの今この時とそうへだたってはいないあの時に、もはや回復できぬ傷を負っていて、必然的に死を迎えねばならぬ場にいたことは、とっくに納得していたはずであったのに。本書にも収めた「ある女生徒への手紙」の相手、ル・ピュイのむかしの教え子のひとりに対しては、あなたは、ほかにも何通かの手紙を送っていたらしいのだが、シモーヌ・ペトルマンによるもっとも詳しい伝記には未刊のその一通の一部が収録されている（『詳伝シモーヌ・ヴェイユ』下巻、杉山毅訳、勁草書房、一九七八年、四ページ）。その中に、こんな一節を見出した。

「(……)十六歳や十七歳の頃には、肉体を酷使しても、ふつうはそれ程疲れたと感じなくてすむものですが、体の組織に深い傷が残ることが多いのです。その結果たるや、何年も後になって、真剣に治療にとりかかろうとしてもできなくなったときに、はじめて痛切に感じられてくるのです。わたしにも、この点については何程かの経験があります(……)。」

この傷は致命傷だった。あなたという人をよく知っていた一労働者がふともらしたように、あなたは「生きられる」はずがなかったのだ。あなたは、自分の肉体で、時代の傷をになおうとしてくれた。あなたの顔に刻まれていた苦悩は、抑圧と暴力にさらされた人間の不幸がむりじいに彫りつけたものだ。

「かれらの不幸をはっきりと思考にのぼすこと、それを癒やす方法を、はっきりと思考にのぼすこと。」

あなたがこの時期に書いたノートにも、この言葉が残されている(ペトルマン、前掲書八ページ)。「かれらの不幸」を身をもって知るために、あなたは、哲学教師の職を一時なげうって、工場に入った。あなたほど、これまでも真剣に生きてきた人はないと思えるのに、なおかつ、「怠惰の誘惑」をしりぞけて、「長い時間にわたって、きちんと真面目な生活をしなければならぬ」と思い定めて。「もしそうしないならば、おまえは、この世にいる資格がない……」

シモーヌ、あなたが綴ったこのような文章は、他人に見せるためのものではなかった。あなたの内側に秘められていた決意の凜冽《りんれつ》さは、わたしたちを今もたじろがせる。思えば、世界の不幸の全重量を思考のうちににないこみ、その救いの可能性をひたすらに願ってやまぬことにさいごの「人間のあかし」を求めるといった姿勢は、いつどこで忘れられてしまったのか。いや、だれが忘れさせ、あまつさえ嘲笑の対象にすらさせてしまったのか。そのむかし、十字架にかかる前のあの人に、ローマの兵士があざけりを放ち、唾《つば》を吐きかけたように。

――しかし、シモーヌ、天のシモーヌ、心を安んじて欲しい。着実に、確実に、あなたが一身を賭《と》してつむぎ上げ、わたしたちに託しておいてくれたメッセージは今、目に見えぬところで、静かに、根をおろしつつあることを知って欲しい。この日本の国でも、あなたの小さな翻訳者、紹介者にすぎぬわたしのところにまで、まことの深みからの声が、ときに送りとどけられてくることがあるのだ。最近、この一年間に寄せられたそんな切実な応答の一、二をお知らせしよう。たとえば、精神病院で長い間の看護婦生活を送るうち、病者の境遇のいたましさに打たれ、その改善の要求をかかげてたたかううち、管理者たちの非道で陰険な迫害にさらされ、ついにみずからも精神に異常をきたし臥床《がしよう》する身となった一女性のところから……また、高校生のとき、原因不明の難病におそわれ、二十年近く寝たきりという、遠い西国の小さな町の一婦人の身もとから……「シモーヌ・ヴェイユの言葉だけがわたしの支えです。このような真実の重い叫びだけが聞きたかった……」その人からの手紙には、はっきりとそう記されていた。そのほか、三年前に東北の一男子高校生から受けとった手紙も、わたしには思いもかけず、衝撃的だった。かれは、自殺寸前だったという。白々しく、ふやけはてた、現代日本の日常的現実の中で、精神の模索の果て、少年はまったく手がかりを失い、うつろな虚空《こくう》にとび出そうとしていたのだ。シモーヌ、あなたの言葉は、この若者のたましいに、暗さの中で耐えることの意味を、しっかと教えこむことができた。「暗くても、むなしくても、わたしは彼女の言ったように〈待ちつづける〉つもりです。何かが見えてくるまで……」少年はこのように書いてきた。

シモーヌ、もってあなたは瞑《めい》すべきだ。このような究極の場、最後の境地でこそ、あなたの言葉は、まことの力をあらわし得るのだから……そして、すべての人間は必ず、おそかれ早かれ、この最後の場へ連れ出されずにすまないのではなかったのか。そして、世界も、やがては必ずきっと……

一九八六年七月

『工場日記』再刊出版の日に

年譜

一九〇九年　明治四十二年

二月三日、パリ、ストラスブール大通り一九番地で生まれる。父はベルナール・ヴェイユ（医師）。三歳年上の兄がひとりあった。アンドレ・ヴェイユ、のち世界的な数学者となり、プリンストン高級科学研究所教授をつとめる。

一九一二年　大正一年　三歳

一家は、パリ、サン・ミシェル大通り三七番地へ移る。幼い頃から、兄の感化その他によりすぐれた才能の兆を見せはじめる。

一九一四年　大正三年　五歳

第一次大戦の勃発にともない、一家は父の動員に従って、ヌゥシャテル、マントン、マイエンヌ、シャルトル、ラヴァルなどを転々、さいごにパリへ戻る。

一九一六年　大正五年　七歳

シャルトル滞在中、私塾に通いはじめ、頭角をあらわす。次の年、ラヴァル高等中学校に入る。

一九一九年　大正八年　十歳

フェヌロン高等中学校（パリ）に入学。この頃、創作童話『火の精』を書く。

一九二四年　大正十三年　十五歳

六月、大学入学資格試験古典科目に合格。十月、ヴィクトル・デュリュイ高等中学校哲学学級に入学、ル・センヌの下で学ぶ。

一九二五年　大正十四年　十六歳

六月、大学入学資格試験（哲学科）を通過。十月、アンリ四世高等中学校第一学年に入学。哲学者アランの指導を受け、ギリシア哲学に開眼、また思考の方法を学ぶ。

一九二八年　昭和三年　十九歳

高等師範学校に入学、女生徒三名の中に加わる。引きつづきアランの講義に列し、また各種の社会活動、学生運動にも積極的に参加する。

一九三〇年　昭和五年　二十一歳

頭痛（潜伏性竇炎）の初めての発作。卒業論文「デカルトにおける科学と知覚」。

一九三一年　昭和六年　二十二歳

七月、高等中学校教授資格試験に合格、秋よりオート・ロワール県ル・ピュイ市の女子高等中学校の哲学教師として赴任。サン・テチエンヌの炭坑夫たちの組合活動を支援し、労働者学校に協力する。また、ル・ピュイの失業者たちの陳情、請願の運動に加わり、逮捕されたこともある。組合の新聞、前衛的な雑誌に時事論文をしきりと発表した。

一九三二年　昭和七年　二十三歳

夏、ドイツ旅行。ナチスがようやくドイツの支配権を握ろうとしている現状に不安を表明し、スターリンのソビエトの官僚体制を批判する論考を次々と公表。この年秋、教育委員会の干渉で、イヨンヌ県オセール高等中学校へ配置換えとなる。C・G・T・U（統一労働総同盟）へ加入。

一九三三年　昭和八年　二十四歳

ロワール県ロアンヌ高等中学校へ転任させられる。ふたたび、サン・テチエンヌの労働者と接触、過激な活動をくりかえす。雑誌『プロレタリア革命』に社会主義批判の論文「展望」「自由と社会的抑圧との原因についての考察」を発表。パリでトロッキイと会見する。

一九三四年　昭和九年　二十五歳

一年間の休暇をとり、十二月四日アルストム電機会社へ女子工員として入社。『工場日記』を書きはじめる。

一九三五年　昭和十年　二十六歳

四月、アルストムを去り、バス・アンドル鉄工所カルノー工場で働く。五月解雇、六月よりルノーの工場へはいる。七月三十一日同社を退く。夏休みには、ポルトガルへ旅行、漁村の一夜にキリスト教は奴隷の宗教であるとの啓示を受ける。秋、シェール県ブールジュの高等中学校へ赴任。ロジエール鋳造工場の支配人マグダレナ氏と知り合い、その雑誌『われらの仲間』にギリシア悲劇の解説を寄稿する。

一九三六年 昭和十一年 二十七歳

人民戦線内閣成立。ルノーの工場で労働者を激励。七月、スペイン市民戦争起こる。八月はじめ、バルセロナへむかい、アナーキスト系組合C・N・T配下のドゥルティ部隊に配属され、アラゴン戦線へ出陣する。『スペイン日記』。八月十七日、炊事中煮えたぎった油を足に浴びて負傷、シトへスの病院へはいる。入院中、内乱下のスペインにくりひろげられていた非人間的な数々の出来事を見聞し、戦争の残虐さ、集団の悪にめざめ、二年後「ベルナノスへの手紙」の中に自分の体験を記して送る。十二月、病気のため一年間の休暇を申し出る。

一九三七年 昭和十二年 二十八歳

病気悪化し苦しむ。ヨーロッパの風雲急となり、各紙に時事問題を論じた記事を次々と寄せ、平和維持のために心をくだくが、次第に外側の社会的活動から身をひいて、内面を深くかえりみるようになる。雑誌『新手帳』のグループと交わる。夏、イタリア旅行、聖フランチェスコの町アシジの礼拝堂で、「生まれてはじめて、ひざまずく」。秋、エーヌ県サン・カンタン高等中学校教師に任命されるが、病気のためふたたび休職。

一九三八年 昭和十三年 二十九歳

春、受難週はソレム修道院に滞在、すべての勤行に参加するうち、「キリストの受難」の思想を学びとる。一英国人学生を通じて、英国の形而上派詩人たちの作品（とくにジョージ・ハーバート）を教えられ、つねに吟唱する。「キリストが降下し、とらえられた」という神秘的体験。「詩」への関心が再燃し、二、三の形而上的作品を書きのこす。

一九三九年 昭和十四年 三十歳

夏、さらに、休暇の延長をねがい出る。ジュネーヴに両親とともに滞在。九月、第二次世界大戦起こり、パリへもどる。『ヒトラー主義の起源』

についての考察を雑誌に発表。ホメーロス『イリアス』、『バガヴァッド・ギーター』などを読みだす。

一九四〇年　昭和十五年　　三十一歳

六月、パリ陥落。家族とともに南フランスへ避難。ペタンの仮政府がおかれていたヴィシーに二カ月間留り、この地で劇『救われたヴェネチア』（未完）の執筆をはじめる。十月、マルセイユに移り、地中海海岸のカタラン街に住む。「カイエ・デュ・シュド」のグループに近づき、『イリアス』について、また南仏文明の本質についての論考などをこの雑誌に発表。カタリ派の研究をはじめ、地中海文明の歴史について鋭い洞察を試みる。

一九四一年　昭和十六年　　三十二歳

三月、J・O・C（キリスト教青年労働者連盟）の会合に出席し、大きい感動を覚える。六月、難民救済事業にたずさわっていたジャン・マリー・ペラン神父と知りあい、深い霊的感化を受けた。

詩人ルネ・ドーマルおよびその妻と知己になる。八月、ペラン神父の紹介で、アルデシュ県サン・マルセルの哲学者ギュスターヴ・ティボンをたずね、畑仕事を手伝い、共に祈り、読書をし、議論を交わす。隣村のぶどう畑で苦しい摘みとり作業に従事する。十月、マルセイユへもどる。

一九四二年　昭和十七年　　三十三歳

復活節にカルカソンヌへ旅行、アン・カルカの修道院を訪問し、また詩人ジョー・ブスケをたずねて一夜を語りあかす。五月、ドイツ軍のフランス全土占領を前に、両親たちの強いすすめに屈し、ともにアメリカへ亡命のため、マルセイユを出発、途中カサブランカに三週間とどまったのち、六月末ニューヨークへ到着。出発まぎわに、ペラン神父にあてて、洗礼拒否の弁明、霊的自叙伝などを書き送り、『神を待ちのぞむ』に収められた小論文を託す。また、ティボンには、数冊の「ノート」を預ける。

ニューヨークでもさっそく、再度の渡仏の機会をさがしもとめ、友人モーリス・シューマンの尽力でロンドンの自由フランス政府で働くことになり、十一月英国にむけて出帆する。郊外の収容所で約一カ月すごしたのち、ロンドン市内の下宿におちつく。

一九四三年 昭和十八年 三十四歳

一月、ノッティング・ヒル地区フランシス夫人方に寄宿、自由フランス政府へ勤めるかたわら、のちに『ロンドン論集』におさめられた諸論考、『超自然的認識』の中のロンドン・ノートなどを、夜を徹して執筆する。占領下のフランスへ抵抗運動に従うため潜入を希望したが、かなえられず、使命感のはげしさに迫られて苦しむ。大戦後のフランスのあるべき姿を追究した労作『根をもつこと』を完成。戦時下の窮迫した同胞の生活を思い、ほとんど食事をとらず衰弱。四月十五日、肺結核が進行して、下宿の部屋で昏倒、病院へ運ばれる。八月、ケント州アシュフォードのサナトリウムへ移される。医師の熱心な説得にもかかわらず、食物を拒否、飢餓にひとしい状態におちいり、八月二十四日夜死ぬ。八月三十日、埋葬される。

田辺保 編

（昭和47・10）

参考文献

主な邦訳書を掲出した（ちくま学芸文庫編集部）

シモーヌ・ヴェイユ（ヴェーユ）の著作

『抑圧と自由』石川湧訳、東京創元社、一九五八年／東京創元新社、六五年
『自由と社会的抑圧』冨原眞弓訳、岩波文庫、二

〇〇五年

『労働と人生についての省察』黒木義典・田辺保訳、勁草書房、一九六七年／八六年新装版

『神を待ちのぞむ』田辺保・杉山毅訳、勁草書房、一九六七年／八七年新装版

『神を待ちのぞむ』渡辺秀訳、春秋社、二〇〇九年（著作集4の新装版）

『愛と死のパンセ』野口啓祐訳、南窓社、一九六九年（複数の著作の抜粋）

『ロンドン論集とさいごの手紙』田辺保・杉山毅訳、勁草書房、一九六九年／八七年新装版／二〇〇九年改装版

『シモーヌ・ヴェイユ詩集』小海永二訳、青土社、一九七一年／七六年改装版／『シモーヌ・ヴェイユ詩集 付 戯曲・救われたヴェネチア』小海永二訳、青土社、九二年、改訂新版

『重力と恩寵――シモーヌ・ヴェイユ「ノート」抄』田辺保訳、講談社文庫、一九七四年／『重力と恩寵――シモーヌ・ヴェイユ『カイエ』抄』ちくま学芸文庫、九五年

『重力と恩寵』渡辺義愛訳、春秋社、二〇〇九年（著作集3の新装版）

『重力と恩寵』冨原眞弓訳、岩波文庫、二〇一七年

『科学について』福居純・中田光雄訳、みすず書房、一九七六年

『超自然的認識』田辺保訳、勁草書房、一九七六年／八四年新装版／二〇一四年改装版

『哲学講義』アンヌ・レーノー編、渡辺一民・川村孝則訳、人文書院、一九八一年／『ヴェーユの哲学講義』ちくま学芸文庫、九六年

『ギリシアの泉』冨原眞弓訳、みすず書房、一九八八年／同〈みすずライブラリー〉九八年

『カイエ 1』山崎庸一郎・原田佳彦訳、みすず書房、一九九八年
『カイエ 2』田辺保・川口光治訳、同、九三年
『カイエ 3』冨原眞弓訳、同、九五年
『カイエ 4』冨原眞弓訳、同、九二年
『ヴェイユの言葉』冨原眞弓編訳、みすず書房〈大人の本棚〉、二〇〇三年（断章と詩を中心としたアンソロジー）
『根をもつこと』山崎庸一郎訳、春秋社、二〇〇九年（著作集5の新装版）
『根をもつこと』上下、冨原眞弓訳、岩波文庫、二〇一〇年
『前キリスト教的直観——甦るギリシア』今村純子訳、法政大学出版局〈叢書・ウニベルシタス〉、二〇一一年

著作集

『シモーヌ・ヴェーユ著作集』橋本一明・渡辺一民編、春秋社、一九六七～六八年／新装版九八年
1『戦争と革命への省察　初期評論集』
2『ある文明の苦悶　後期評論集』
3『重力と恩寵・救われたヴェネチア』
4『神を待ちのぞむ・ある修道者への手紙』
5『根をもつこと』
『シモーヌ・ヴェイユ選集』冨原眞弓訳、みすず書房、二〇一二～一三年
Ⅰ『初期論集　哲学修業』
Ⅱ『中期論集　労働・革命』
Ⅲ『後期論集　霊性・文明論』

ちくま学芸文庫

工場日記《こうじようにつき》

二〇一四年十一月十日　第一刷発行
二〇二五年　七　月十五日　第四刷発行

著　者　シモーヌ・ヴェイユ
訳　者　田辺　保（たなべ・たもつ）
発行者　増田健史
発行所　株式会社　筑摩書房
東京都台東区蔵前二―五―三　〒一一一―八七五五
電話番号　〇三―五六八七―二六〇一（代表）
装幀者　安野光雅
印刷所　株式会社加藤文明社
製本所　株式会社積信堂

乱丁・落丁本の場合は、送料小社負担でお取り替えいたします。
本書をコピー、スキャニング等の方法により無許諾で複製することは、法令に規定された場合を除いて禁止されています。請負業者等の第三者によるデジタル化は一切認められていませんので、ご注意ください。
© AKIKO TANABE 2014 Printed in Japan
ISBN978-4-480-09646-3 C0110